시간이 삐걱거린다

윤주희 수필집

책나무출판사

작가의 말

과거의 시간은 불완전한 시간이었다. 지나온 행적과 흔적들은 지난 책자 속에서 증명이 되었다. 그렇게 잊힌 과거의 이야기는 현실에 굳건히 뿌리내리지 못하고, 떠돌았다. 이후, 2005년 먼저 등단한 시 분야만 계속 창작을 이어왔다.

2006년 10월 월간 시사문단 수필 등단 후, 바로 문예지에 발표한 글과 파일에 넣어둔 글을 가지고 미력하나마 이번에 추억을 소환하기로 한다.

제 몸을 까맣게 태우고 존재했던 흔적들이 이후 맑은 소리를 낸다면, 각다분하게 살아가는 삶에 많은 힘이 될 것이다. 진실한 글귀는 시간이 지나 빛을 발하듯, 진실한 삶도 시간이 지나 빛을 발하리라 믿는다.

2022년 초가을

윤주희

목차

에덴공원의 봄

부산 사하구는 다대포 해수욕장과 을숙도와 에덴공원이 있어 전국적으로 유명하다. 근처에 동아대학교와 부산여고, 건국고가 있다. 그 뒤로는 억새가 유명한 승학산이다.

맞은편 야트막한 에덴공원은 본래 '강선대(降仙臺)'라는 명승지로서 다대포의 몰운대(沒雲臺)와 함께 팔선대(八仙臺) 중의 하나로 꼽혔던 곳이다. 일제 강점기 말엽에는 일본군이 산 정상에 설치한 해안 포대가 있어서, 포병부대가 주둔한 흔적이 지금도 남아 있다.

에덴공원에는 각종 나무들이 사방으로 심겨 있어 그 사방 숲길을 따라 사는 곳이 다른 사람들이 올라와 산책과 운동을 겸한다. 벚나무가 많은 곳에는 고전 음악당 '솔바람'이 있고, 그 길목에 세월의 흔적 안고 아담하게 꾸며진, 오태균 음악비와 유치환 시인이 살아있을 때 세운 최초의 시비(1964)가 있다.

날씨가 화창해 운동을 겸할 겸 산책을 서둘렀다. 공원 길목에 핀 개나리는 벌써 피고 졌는지 백목련 잎만 마구 흩날린다. '화무십일홍'이 생각났다. 산책길을 걷노라면 새소리와 함께 고전 음악이 은은하게 들린다. 솔향기 맡으며 백목련 잎이 자욱하게 깔린 길 따라 솔바람 찻집으로 향했다. 새로 단장했는지 나무 의자들이 철제 의자들로 바뀌었고 등나무는 가지치기를 해서 뭉툭했다. 귀가 쫑긋한 강아지가 반갑다 꼬리치며 다가온다. 이 강아지는 사람들이 다니는 길가에 턱 하니 잘 앉았는데, 무심코 있다 보면 다가와 컹컹거린다. 참으로 귀엽고 똘똘하게 생겼다.

솔바람 음악당은 예전의 '강변 음악실'이다. 부산에서는 유일한 사설 고전음악실로써 전국에서 유명 인사들이 쉴 틈 없이 찾아들었다. 고전 음악 자료를 전국에서 최고로 많이 소장했다. 1970대 을숙도 강변을 따라 오르면 강나루에 하얀 돛단배가 닿을 수 있는 언저리에 강변 음악실이 있었다. 그곳을 다녔던 추억은 선명한데, 이제는 기억에서도 가물가물하다.

솔바람 음악당은 봄이 되면 등꽃이 피어 등꽃 향기가 바람을 피우면 주변의 호산나 교회 교인들과 동아대학교 각종 동아리에서 잦은 모임을 했다. 등나무엔 이제 겨우 봉오리가 맺혀 솜털이 뽀송뽀송하다. 곧이어 등꽃이 피어 보랏빛 향기를 피우면, 삼삼오오 짝을 지어 달빛 삼매에 젖어 한 잔 술로 시름을 달랠 것이다. 오 년 전 다른 지역에서 다녀간 시인들이 있어 이곳이 자주 회자되었다. 곧이어 등꽃이 피면 많이 그리울 것이다.

보랏빛 등꽃의 꽃말이 '사랑의 도취'로 나비 모양의 꽃이 주렁주렁 매달린다. 한국 사람들은 등나무가 서로 꼬여 자라기에 집 안에 심으면 가정사가 매사에 꼬인다고 심기를 꺼려 한 나무였다. 그런데 기독교가 들어오고부터 서로 더불어 살아간다고 등나무를 좋아하고 즐겨 심기 하면서 귀하게 여겼단다. 또한 등나무 씨앗은 배탈 났을 때 지사제로도 사용한다. 어린잎과 꽃은 등화채라고 하여 나물로 무쳐 먹고 씨앗은 볶아 먹으면 고소하단다. 또한 지팡이를 만든다고 알고 있다.

내가 에덴공원이 있는 이곳에 산 지 어언 이십 년이다. 이제는 흔적만 남은 솔바람 찻집이다. 세월이 흐르고, 다시 생기길 바란다. 어디선가 새소리가 귓가에 쟁쟁인다.

단상

봄 향기 짙어가는 승학산 밑자락이다. 멀리 목청을 돋우는 개들이 무르익는 봄을 알리는지 짖는 소리가 우렁차다. 관음사에서 도량석을 알리는 목탁 소리가 바람결에 실려 온다. 우주 만물에 신새벽이 왔음을 알리는 목탁 소리에 혼미한 정신을 일깨운다. 하루를 희망차게 시작하는 명상 시간이다.

이른 새벽을 가르며 주어진 임무에 충실한 사람들의 분주함이 도로를 질주한다. 재활용 쓰레기와 음식물 쓰레기를 비우려는 부산함이 들린다. 부지런한 그들의 보이지 않는 희생이 있기에, 편리함을 누린다.

을숙도 상공에 여명이 찬란하다. 하늘을 불 지르며 치솟는 태양. 희망찬 기운이 불끈하다. 이 아침 살아있어 누리는 소소한 행복이다.

점차 밝음은 가속을 가하고, 어느새 하늘은 비췻빛을 드러냈다. 시간의 흐름에 따라갈수록 눈이 부시다.

승학산은 나날이 짙푸르고 싱그럽다. 밤사이 내린 밤이슬이 유리구슬처럼 맑고 투명하다. 나무들도 봄단장을 하는 것 같다. 오늘은 바람이 없어 나뭇잎들의 흔들림이 없고 새들의 지저귐만 요란하다. 아직은 꽃샘바람이 간혹 불어와, 옷깃을 여미게 하고, 숲속의 옹달샘을 그리워하는 마음을 부채질한다.

승학산이 있고 에덴공원과 을숙도가 가까운 곳에 있어 이 아침 자연의 아름다움을 마음껏 누림이 감사하다. 하루의 시작을 밝음과 상쾌함으로 시작하며 따뜻한 차 한 잔을 나눌 수 있는 그리운 이들을 생각한다.

봄 향기 물씬거리는 에덴공원을 걷고 싶다. 들꽃 향기 맡으며 개나리 진달래 목련 등, 봄의 전령사들과 입맞춤하고 싶다. 사월의 향기를 사랑한다. 이루마 피아노곡 봄의 왈츠가 감미롭다. 또 하루의 시작에 만찬을 준비해야 하는 주부의 평범한 일상이다.

인내와 희생이 필요한 보금자리다. 잡념에 시달리는 일상에서 벗어나, 똬리 트는 욕망을 버리려고 무진장 애를 쓴다. 마음이 모든 것을 지어낸다고 했다. 늘 채근하고 담금질하며 살아야겠다. 이 험악한 세상에 내가 맞서는 유일한 인생관이 되었다. 가끔은 여린 심성이 걸림돌이 되지만, 내 안의 또 다른 심성에다 호소하리라. 행복한 둥지에는 늘 꽃향기가 났으면 좋겠다. 사랑하는 모든 이들에게 희망찬 봄소식을 전하며 행복을 소원한다.

광양 매화 마을 봄나들이

봄이 오는 길목에 봄나들이 갈 날을 잡아 놓고 소풍 가는 애들처럼 들뜬 마음이다. 바쁜 일상 가운데 어딜 가려고 꼭 미리 약속을 해 놓으면, 집안에 무슨 일이 생겼다. 이번만큼은 제발 그런 일이 없길 소원했다. 그런데 이제는 하늘에서 짓궂은 장난을 친다. 나들이 당일, 잠을 자다 무슨 소리가 나길래 벌떡 일어나 밖을 내다보니, 타드랑거리며 비가 제법 굵직하게 내리고 있다.

어찌할지 망설였다. 잠을 자다 몸을 뒤척이는 남편을 깨워 비가 내린다고 말했더니 조금 더 지켜보자면서 이내 잠을 청한다. 나는 이때부터 잠이 오지 않았다. 뒤치락거리다 이른 아침과 간식을 준비하기로 했다. 아침에 일어나면 한 잔의 커피부터 내려 마시기에, 후딱 마시고는 정신을 차려 주방 일을 시작했다. 시간은 더디게 가고, 내리는 비는 그칠 줄 모르고 마구 퍼붓는다.

너무 이른 시간이라 시간이 흐르길 기다려 함께 가기로 한 김해에 사는 남편 친구 부인께 전화를 했다. 그녀도 걱정이란다. 그녀는 남편께 물어보고 전화를 준다고 했다. 곧이어 전화가 왔다. 모처럼 약속을 했으니 출발을 하자면서 김해로 오라 한다.

어쩜 비가 오는 봄나들이도 괜찮겠다. 비를 머금은 매화의 촉촉한 자태와 고혹한 모습을 보는 것도 흔치 않은 기회다. 비바람 속의 꽃비는 생각만 해도 몽환적이다. 급하게 아침을 차려 먹고는 나들이 길을 나섰다. 점차 가랑비로 바뀌었다. 교통방송에서는 오후에 비가 갠다고 한다. 아침부터 도로가 막혔지만, 무사히 김해에 도착하니 남편 친구는 새로 산 차에 시동을 걸어 놓고 우리를 반겼다. 시승식을 겸한 봄나들이다.

남편 친구는 올해 경사가 많다. 진급도 하고 새 차도 사고 큰딸도 대학원에 진학했다. 이렇게 사랑하는 지인들에게서 늘 좋은 소식만 들렸으면 좋겠다. 반갑게 악수하고는, 곧바로 출발했다. 가랑비가 촉촉하게 내리는 도로를 달리는 기분은 최상이었다. 길가 가로수가 비를 머금어 산뜻했다. 빗속을 달리며 바라본 산야는 가히 환상이었다. 차는 점점 속도를 더하고, 싼타페는 속도감이 좋았고 승차감도 편안했다. 차에서 먹는 밀감, 딸기가 꿀맛이었다.

차는 진주를 지나 광양으로 달렸다. 산야도 덩달아 봄나들이의 행진에 박차를 가했다. 길가 산수유 노란 자태에 마음이 설레고, 벚꽃은 꽃봉오리 터트릴 준비로 바빴다. 지상의 낙원이 따로 있나, 바로 이 땅이 최고의 낙원이다. 이렇게 멋진 산야를 가진 우리나라 땅을 다 둘러보지도 못하고, 세상을 하직한 사람들이 생각나 울컥했다. 이런 곳을 마다하고 해외여행만 하는 사람들이 안타깝다.

전라도는 청량한 공기와 청초한 산야에 언제 가도 기분이 좋다. 하동을 지나니 섬진강이다. 비가 그친 섬진강은 화사한 햇살 안고 금빛 물결로 출렁였다. 백사장은 사금 바다를 이뤘고 잔물결은 빗살 무늬를 새겼다. 홀로 선 물새 한 마리가 무척 외롭게 보였다. 모처럼 두 부부만의 봄나들이가 삼년 만의 나들이라, 자연 경관에 취하니 입이 귀에 걸렸다. 섬진강에서 바라본 매화마을은 백설기 같았다. 매화와 산수유가 봄빛을 머금어 화사하고, 주변 경관은 초록 물결을 이루어 한 폭의 수채화를 탄생시켰다.

매화마을에 들어서니 축제 기간이 끝나 평일인데도 사람들이 줄을 이었다. 원색의 옷 물결이 넘실대는 파도 같았다. 매화나무 밑에는 보리를 심었고, 초록색과 하얀색의 대비가 청초하고 햇살이 날카로웠다. 날씨가 변덕을 부린다. 언제 비가 내렸냐? 되묻는 것 같았다. 입고 간 재킷을 벗어 팔에 걸쳤다. 언제 와도 기분이 좋은 곳이다. 매실로 만든 각종 상품들을 둘러보고, 방명록에 한 줄 감흥을 남기고 사진도 찍었다. 다정한 연인들처럼 팔짱을 끼고 둘레길을 걸었다. 평소 운동 부족으로 걷는 것에 약간의 무리가 왔다. 오른쪽 다리에 통증이 잦았다. 이런 곳에 살아 자주 산을 오르며 좋은 공기를 마시며 살고 싶었다. 좌판에는 갖가지 봄나물을 파는 상인들이 고로쇠 물 등 온갖 약초들을 달여 놓고 몸에 좋다고 시식하라 권했다. 천리향 분재에서 향기가 폴폴거렸다. 코끝을 자극하는 천리향 내음에 문득 그리움이 솟구쳐 울컥했다.

매실 진액과 뽕잎차를 사선 서둘러 내려왔다. 구례 가는 쪽 입구의 '물가 쉼터'는 장어구이 맛집이라기에 점심을 먹기로 했다. 이곳에는 눈앞에 섬진강물이 흐르고 120년 된 뽕나무가 집 안에 있었다. 그 뽕나무로 만든 술 한 잔을 마시니 세상 무엇이 부러우랴. 섬진강을 사이에 두고 경상도 전라도, 두 곳을 왕림하니 기분이 묘했다. 벚꽃이 만개했으면 쌍계사에 들렀을 텐데 다음을 약속했다. 삼십 분을 달려 최 참판 댁에 다다르니 그곳에도 많은 사람들로 붐볐다. 고풍스러운 집들과 드라마 속에 나오는 장소에서 대충 사진을 찍고는 시간에 쫓겨 황급히 나왔다.

봄의 전령들이 유혹하기에 매연에 찌든 도시로 돌아오기 싫었다. 천년만년 경치 좋고 공기 좋은 곳에 살고 싶었다. 비를 좋아하기에, 이런 곳에 살면서 초가지붕에서 낙숫물 떨어지는 소리를 들으며 다향 삼매에 취하고픈 마음 간절했다. 노년에 내 소망이 꼭 실현되었으면 좋겠다. 소망 하나 가슴에 더 진하게 담은 날이었다.

비가 그친 김해에 도착하니 저녁 여섯 시였다. 한사코 마다하는 저녁을 먹자고 한다. 김해 시청 옆의 갈치 정식집에 들러 갈치조림으로 배를 두들겨 가며 포식하고는 각자의 삶터로 향했다. 노을이 서서히 안겨드는 을숙도 상공이 불바다를 이루었다. 비가 갠 저녁 하늘은 마치 총천연색 물감으로 수를 놓은 것 같았다. 무척 즐겁고 행복한 봄나들이었다. 바쁜 시간 쪼개어준 남편과 남편 친구 부부가 고마웠다. 잠자리에 누우면 꿈속에서도 이 행복이 오래도록 갈 것 같다.

눈꽃 장례식

오 년 만에 기다리던 첫눈이 내린다. 폭설이 내려 오랜 목마름을 해갈하라는 듯, 온천지가 하얗게 뒤덮였다. 오랜 기다림에 뜨악한 선물이다. 첫눈의 기쁨도 잠시, 나에겐 슬픈 날이다. 시집온 날부터 최고의 인생 스승이자, 사랑을 많이 주셨던 시외삼촌께서 84세에 별세하셨다. 폭설 속 장례식이다. 한문학과 서예에 능하셔서 노년에 자원봉사로 한문학을 강의하셨고, 평생을 선비정신으로 학처럼 고결하게 사셨다. 외모가 멀리서도 훤칠하셨다. 손수 모시 적삼에 풀을 먹여 다림질하실 정도로 매사에 자립정신이 강하셨다. 하늘도 슬퍼 가시는 길이 외롭지 않게 하얀 비단길을 깔았다. 그러나 애석하게도 폭설은 장례를 치르는데 많은 지장을 초래했다.

아침 일곱 시 반에 발인을 서둘러 끝내고 길을 나선 영구차는 하얀 눈 세례를 받았다. 망자의 혼이 집 앞을 떠나길 꺼리는지, 차는 가다 서기를 반복하고는 결국 을숙도 하구언

다리 위에선 멈췄다. 끝없이 퍼붓는 폭설 속에 차량들은 아예 주차장을 만들었다. 강가에 모래 채취선이 한 폭의 정물화가 되었다.

진해 시립 화장장은 예약 시간이 있는데, 그곳에 신경 쓸 겨를도 없이 눈은 계속 내리며 눈발이 바람결에 마구 휘날린다. 차에 갇힌 상주들과 백관들은 걱정이 태산이다. 무엇보다 화장장 예약 시간에 도착하려는 책임 의식이 강한 영구차 운전기사는 어쩔 줄 몰라 안절부절, 사람의 인력으로 할 수 없는 자연재해라 상주와 백관들이 애써 안심시켰다. 간혹 몇 년 만에 눈이 내리면, 부산에는 훈풍에 눈이 쌓일 겨를도 없이 녹아내리는데, 이날은 강추위에 눈발이 나무 위에 내려앉으면, 연이어 얼음꽃으로 변했다.

아버님을 떠나보내는 슬픔에 지친 상주들에겐 내리는 폭설이 원망스러웠다. 망자가 자식들을 더 보고 싶어 떠나기 싫어 발걸음을 더디게 한 것 같다고, 백관들은 위로의 말을 이어갔다. 폭설은 하얀 눈 천지를 만들고 그 속에 투영되는 슬픔은 더욱더 반사되어 배가됐다. 먼 데 산에는 아름드리 소나무에 내려앉은 하얀 눈발이 눈꽃을 만들었다.

평소에는 감전동에서 차가 안 막히면 사십 분 만에 도착하는 거리를 세 시간을 도로에 서 있었다. 산길에 들어서자 멀미가 심해져 차에서 내려 찬 바람을 쐤다. 죽음이란? 화두 하나 더 생겼다. 누구나 세상에 태어나 한 번은 떠나는 길이다. 어떻게 살다 가는 삶이 현명한 삶인지? 평소에 선비정신으로 사신 시외삼촌은 자는 잠에 죽음의 부름을 따랐다. 평소 경전 사경을 그렇게 열심히 하시더니 죽음의 복을 받으셨나 보다.

"노자는 상선약수(上善若水) 물처럼 사는 것이 가장 현명한 삶이라 했다." 물은 어느 상황에서든 본질이 변하지 않고 순응한다. 그러기에 사람들이 물의 진리를 배워야 한다는 뜻이리라.

"죽음이 언제 어디서 내 이름을 부를지라도 기꺼이 맞이할 준비가 되어 있어야 한다"라는 무소유의 법정 스님 말씀이 생각났다.

속담에 '밥은 봄처럼 국은 여름처럼 장은 가을처럼 술은 겨울처럼'이란 말이 있다. 모든 음식에는 적정 온도가 있기에 우리네 삶도 적당한 온도를 맞추어가면서 살란 뜻이 내포된 것 같다.

폭설 속에 우여곡절을 겪고 망자는 한 줌 재로 화했다. 곧이어 49재를 모시기 위해 다대포 법륜사에 입재를 올렸다. 이미 고인이 되신 시외숙모도 그 절에서 49재를 모셨기에 함께 위패를 모셨다. 부디 이승에서의 모든 짐을 다 벗어버리고 편안히 잠드시길 빌었다.

삼성궁

경남 하동군 청암면 묵계리 지리산 깊숙이 자리한 청학동 도인촌 가는 길, 산길을 돌고 돌아 십오 킬로를 가면 해발 850미터에 삼성궁이 자리한다.

이 삼성궁의 정확한 명칭은 지리산 청학선원 배달성전 삼성궁으로 이 고장 출신 강민주(한풀 선사) 씨가 고려 중기 이후 사대주의와 일본의 침탈에 의해 900여 년간 명맥이 끊긴 민족 고대의 역사와 정통 사상인 선도 문화를 회복하기 위해 1903년에 고조선 시대의 소도를 복원, 배달민족성전으로 만들어 한배임(桓因) 한배웅(桓雄) 한배검(檀君) 등 세분을 위시하여 역대 우리나라를 건국하신 시조를 비롯해서 나라를 빛낸 현인 무장의 위패와 천진을 봉안한 민족의 성스러운 참배지로 또한 배달민족의 성전으로서 성역을 세워 하늘에 제천하며, 민족정신을 널리 펼쳐 인류 공영에 기여하고자 하는 민족의 성전으로 발전하고 있단다.

뿌리 없는 나무가 있을 수 없고 근원 없는 강물이 있을 수 없듯이 인류의 역사가 있음에 그 민족의 조상이 있는 것은 하늘이 정한 아름다운 진리다. 우리 선조는 오랜 옛날부터 소도(蘇塗)라는 성역을 세워 하늘에 제천하고 땅에 제지하며 우리 민족 고유의 정통 경전인 천부경(天符經), 삼일신고(三一神誥), 참전계경(參佺戒經)을 강독했으며, 삼륜(三輪) 오계(五戒) 팔조(八條) 구서(九誓)의 덕목을 가르쳤다. 또한 소도에는 경당을 세워 국자랑(國子郎)들에게 충효신용인(忠孝信勇仁)등 오상(五常)의 도를 가르치고 독서, 습사, 치마, 예절, 가락, 권박 등 육예(六藝)를 연마시켰다.

삼성궁은 배달민족의 정통 사상인 선도의 도맥을 이어받아 고조선 천지화랑(天指花郎)들이 수행하던 신선도를 수행하는 민족 고유의 수도 도량이다. 또한 민족정신의 정통성을 수호하고 우리의 위대한 얼과 뿌리를 되찾아 민족혼을 일깨우며 홍익인간(弘益人間) 이화세계(理化世界)의 정신을 바탕으로 민족의 장을 여는 성전이다. 란 입구의 팻말에 새겨진 글을 옮겨 본다.

우리 아이들 초등학교 다닐 때 방학 숙제로 현장 견학이 있어 그곳을 찾았을 때는 산길을 약 사십 분 정도 걸어서 가야 했는데 이제는 그 반만 가면 되는 곳이라 금방 도착했다. 2004년쯤인가? 그때부터 입장료를 걷었는데 어른은 삼천 원이었다. 들어가는 입구에 민속 박물관이 있어 그곳에서부터 우리 조상의 기품을 엿볼 수 있었다. 그 민속박물관에는 팽

나무로 만든 계단을 거처 이층으로 올라가는 나무 사다리가 있어 한 계단씩 오를 때마다 마치 누군가에게 이끌려 가는 것 같은 묘한 기분에 기억이 오래 남아 있다.

삼성궁 내에는 사람의 손으로 대략 1300개의 돌탑을 쌓았다고는 믿기지 않을 정도의 예술품이 존재한다. 도인들이 그곳에서 수행하면서 하나씩 쌓아놓은 돌탑이라지만 오랜 세월 마치 그들의 혼이 살아서 움직이는 것 같은 느낌이다.

강민주는 여섯 살 때 증산도의 열렬한 신도였던 부모에 의해 낙천선사(樂天仙師)라는 도인에게 맡겨진다. 낙천선사는 "만덕진인(萬德眞人:1743-1840), 공공진인(空空眞人:1807-1910), 한빛선사(1860-1945)에 뒤이어 우리 고유의 선도(仙道) 명맥을 전수받았다"라는 도인이다.

이후 강민주는 낙천선사와 함께 지리산 세석고원 근처에서 살면서 선가 무예인 선무(仙武)를 비롯한 선도를 배웠다. 그러던 어느 날 그의 스승인 낙천선사로부터 "민족혼을 샘솟게 하는 우물을 파라"는 명을 받았다. 이때 강민주의 나이는 21세(1984년). 한풀선사는 화전민마저 버리고 떠난 텅 빈 묵계골 위쪽에서부터 삼성궁 터를 닦기 시작했다. 먹을 게 없어 풀뿌리를 뽑아 먹고 나무껍질을 벗겨 먹으면서 그렇게 터를 닦은 곳이다.

삼성궁내를 거닐다 보면 얕은 도랑으로 맑은 물이 졸졸 흐른다. 갑자기 더워진 날씨에 손을 씻으니 아직은 찬 기운이 남아 있었다. 어디선가 휘파람새의 노랫소리가 너무도 아름다워 잠시 넋 나간 사람처럼 듣고 있으니 솔바람이 불어와 눈꺼풀이 저절로 감겼다. 그 새소리에 리듬을 맞추며 콧노래를 불렀다. 자연보호가 잘 되어 있는 곳이라 곳곳에서 다람쥐를 볼 수 있었고 산새소리도 도심의 새소리와 달리 너무도 청아하고 고고하게 들렸다. 대자연의 품속이 이리도 아늑한데 왜 그리 집에만 박혀 있었는지, 나가면 마치 죽을 것처럼 답답하게 갇혀 살았기에 애써 자연 품속에 더 잠겨 들고 싶은 날이었다.

옛 선인들은 청렴결백한 한빈락도(寒貧樂道)의 삶을 인간다운 가치로 여기며 살아왔다는 증거가 이곳 삼성궁의 도인들의 삶에서 더 깊이 느낄 수 있었다. 하행 길에 다시 그 돌탑을 돌아 나오면서 돌탑 하나하나씩 쌓을 때마다 그 정성에 얼마나 많은 공을 들이며 인고의 세월을 살았는지 참으로 숙연한 마음에 다시 세분의 영정이 모셔진 곳을 향하며 합장했다.

※삼성궁 참고문헌 참고

매미

중복이 지났다. 솔바람 향기에 실린 매미 울음이 해가 지니 잦아든다. 종일 목청을 돋우더니, 바람의 오케스트라 지휘자는 물러가고 그들의 합창 연습이 끝났다. 오늘은 유달리 낮은 음도 없이 높은 음만 질러대더니 지칠 만도 했다. 하늘에는 구름이 더운 바람을 실어 흰 돛을 달았다. 매미 울음은 머뭇거림이 없었다. 뭔가 몸을 빌려 토해내야만 하는 곡진한 사연이 있는 것 같다.

수매미가 우는 것은 암매미를 부르는 구애작전이라는데, 왠지 비바람이 불 때마다 뚝뚝 울음이 끊어진다. 서두르지도 않는다. 매미는 태어난 것을 탓하지 않는 것 같다. 왜 여기 나무속에서 울며 살아야 하는지, 오로지 목청 높여 제 역할만 하는 것 같다.

저무는 하늘가에 새들의 날갯짓이 분주하다. 노을 꽃이 하늘에 한껏 피었다. 미물들도 해가 지는 자연의 이치를 아는가 보다. 매미는 일주일간의 삶을 위해 칠 년을 기다리는 일생이다. 우리들의 삶을 잠시 생각한다. 장맛비가 그치고, 폭염에 짜증이 난다. 소낙비라도 한차례 내렸으면 좋겠다. 바람결에 들려오는 매미 울음에 흐릿했던 의욕이 되살아난다.

도심의 산에 사는 말매미는 그 울음소리가 참 시끄럽다. 고창 선운사 참매미는 잔잔하게 흐르는 물소리처럼 은은하게 들렸다. 오늘따라 매미가 온종일 울어대는 탓에 측은한 마음이 들었다. 곧이어 삶을 마감해야 하는 울음이기에 더 그런 마음이었을까? 그들의 인내심을 내가 닮아야겠다.

매미는 원래 밤에는 울지 않는다는데, 도심에 가까이 있는 승학산이라, 밤에도 불빛 탓인지 매미가 자주 울어댄다. 매미는 참깽깽매미나 풀매미 등과 같이 해가 있는 밝은 날에만 주로 우는 종도 있고, 일본, 대만, 중국 등에 분포하는 비교적 어두운 환경을 선호하여 황혼 녘이나 흐린 날에 잘 우는 종도 있단다.

(털매미, 말매미, 쓰름매미, 애매미는 맑은 날에도 울음소리를 내지만)

검색으로 매미의 종류를 찾아봤다. '털매미, 말매미, 유지매미, 참매미, 애매미, 쓰름매미, 소요산매미, 늦털매미, 참깽깽매미, 깽갱매미'가 있다. 좀매미아과는 세모배매미, 두눈박이좀매미, 호좀매미, 풀매미, 고려풀매미가 있다. 대체로 7~8월에 집중적으로 짝짓기 하는데, 울음소리가 더 큰 수

컷이 짝짓기를 더 많이 하게 되고, 따라서 경쟁적으로 더 큰 소리로 매미가 운단다.

매미는 불완전변태라 번데기 기간 없이 알, 애벌레, 성충의 단계를 거치며 매미가 애벌레로 지내는 기간은 짧으면 1~2년 길면 5~6년이 걸린단다. 매미의 종류에 따라 다르지만, 대부분 모든 매미가 7년인 것으로 알고 있다. 알은 길쭉한 타원형으로 1.5~3mm 정도의 길이로 색깔은 대체로 희고 산 가지나 죽은 가지의 표면을 찢어 연속적으로 구멍을 만들면서 그 속에 알을 낳는다. 알의 개수는 종류에 따라 다르지만, 일반적으로 200~600개 정도 낳는단다.

애벌레일 때는 땅에서 지내면서 나무의 뿌리를 뚫어 그 수액을 먹고 1~6년 정도 산다. 애벌레는 땅속에서 대개 4차례 허물을 벗는다. 애벌레가 땅속에서 보내는 기간은 흔히 6년이라 말하나, 그 기간은 종별로 달라서 1~2년을 땅속에서 보내는 것부터 3~4년, 5~6년 등 다양하다. 참매미의 애벌레 기간은 약 2~3년 정도다.

북미에 사는 Magicada spp라는 매미는 유충 기간이 무려 17년이나 된다고 한다. 그래서 별명이 17년 매미란다. 애벌레 기간을 보내고 7월 즈음에 나무 위로 올라온 굼벵이는 성충으로 부화한다. 성충은 나무에 붙어 수액을 먹는다. 맑은 날을 골라 대체로 저녁 해 질 무렵 땅 위로 기어 나와 나무줄기나 나뭇가지 등에 몸을 고정시킨 후 탈피를 한다.

애벌레가 지상으로 탈출하여 탈피 후 성충이 되는 날짜는

개체마다 차이가 있지만, 부화에 걸리는 시간은 짧게는 2시간에서 길게는 6시간 정도가 걸리기도 한다. 수컷의 경우 이렇게 부화를 한 지 약 3~5일 후부터 울기 시작한다. 야생에서의 매미 수명은 약 한 달 정도인 것으로 알려졌다.

세월은 사람을 기다리지 않는다. "가는 세월 그 누가 잡을 수가 있나요" 노래 가사 한 줄 생각난다. 팔월이다. 곧 이어서 입추고, 말복이다. 이룬 것 없이 하루하루 바삐 가는 시간을 붙잡고만 싶다. 그 어떤 형상에도 끄달리지 않고 감사하며 지내라지만, 자꾸 가는 세월이 아깝다는 생각이 든다. 그와 더불어 내 흰머리 숫자도 늘어가고 내 얼굴에도 세월 꽃이 자꾸 피어나니 흐르는 세월에 회의감이 든다.

자연에 순응한다지만 늘어가는 한숨은 어쩌지 못한다. 한여름에 매미 울음을 듣지 못한다 생각하면 참으로 메마른 삶일 것 같다. 그나마 그들이 울어주는 자연 음향이 있기에 이 둔탁한 공간에서 한여름 더위를 이기며 산소 같은 숨을 쉬리라. 매미들이 긴 시간 인내하며 비록 짧게 살다 가는 인생이지만, 그래도 살 동안은 마음껏 울 수 있는 것도 그들의 생태요, 본능(本能)이리라.

여름이 되면 시끄럽게 울어대는 매미. 하지만 우는 것은 수컷 매미. 수컷 매미가 그렇게 시끄럽게 우는 이유는 암컷을 부르기 위해서란다. 암컷 매미는 수컷 매미 울음소리가 클수록 호감을 더 가진단다. 그래서 수컷 매미는 더 열심히 사랑받기 위해 울어댄다. 종족보존을 위한 일생이다.

울음으로 수컷 매미와 암컷 매미를 구별한다. 수컷 매미는 소리를 내는 기관이 있다. 수컷 매미의 복부 부분에 발음판이라는 것이 있는데, 발음판에서 나는 소리가 발음근을 움직여 매미의 배 부분에 비어있는 공명실에서 증폭되어 소리가 크게 난다. 암컷은 알을 낳기 위해 꽁지가 길고 산란관이 있단다.

매미의 일생은 자신을 비워내고 덜어내는 연습만 한 것이 아닐까? 그렇기에 온몸이 찢기는 해산 같은 고통을 겪으며 껍데기를 벗고 마침내 나방이 되어 힘찬 날갯짓을 하며 날아간 것이리라. 매일 애타는 가락으로 암매미를 부르느라 제게 주어진 두 주일의 일생을 홀딱 다 써버린 수매미는 제 영혼이 몇 년씩이나 땅속에서 물속에서 참고, 공들여 나무 위로 밀어 올렸는지를 알지 못하리라.

불잉걸

버스를 타고 가다 무심결에 본 간판 이름이 불임걸이다. 한자와 영어가 복합된 단어일까?

별안간 의문이 생겼다.

임신을 못 하는 여자? 그러다 이상한 생각을 하기에 이르렀다. 하고 많은 이름 중에 왜 하필 간판 이름을 저렇게 지었을까? 의문은 긴 꼬리를 달았다. 심지어 간판을 내건 사람이 어떻게 생겼을까에 이르렀다.

여성을 약간 비하한 느낌까지 받았기에, 마치 그 간판 주인이 내 곁에 있는 것처럼 구시렁거렸다. 그러다 후일 차를 타고 가다 우연하게 그 자리에 신호등이 붉은 신호로 바뀌어 정지했다. 불현듯 그때가 생각났다. 아직 그 자리에 간판이 걸려 있는지 다시 보았다.

불잉걸!

아뿔싸, 그때는 무심코 차창 밖을 스치다가 그만 잘못 읽었던 것이었다.

불잉걸의 뜻이 '불이 이글이글하게 핀 숯덩이'이다.

그 순간 내 얼굴이 화끈 달아올랐다. 진작에 잘 봤더라면, 무심결에 잘못 읽어 생트집을 잡았으니 참 난감했다.

'오해 아닌 오해로 남을 원망하고 미워한 적이 없었을까'란 생각에 이르렀다. 구설이란 바로 이런 경우에서 비롯될 수 있다는 것을 알았다. 무엇이든지 확실하게 알고 난 뒤에, 원망과 불평을 해야 한다는, 생활 속에 작은 이야기가 된 '불잉걸' 간판 이름이 오래도록 기억에 남는다.

숲이 통곡한다

첫새벽에 문득 눈이 떠졌다. 얼른 일어나 눈앞에 보이는 승학산을 바라보았다.

어둠이 채 가시지 않은 승학산이 마치 무서운 사자처럼 웅크리고 앉았다. 어디선가 문풍지 떨림 같은 울림이 잦았다. 장맛비에 바람의 잔상인가? 조용하든 비가 갑자기 세차게 퍼부었다.

승학산의 나무들이 요란하게 부대끼는 소리가 바람결에 실린다. 가만가만히 숨을 들이마시고는 소리의 울림을 눈감고 마음 깊이 심취했다. 바람결에 실려 외침 같은 울림이 더욱 세차다. 누가 나처럼 깨어 있어 이 소리를 듣고 있을까. 이 느낌을 어찌 말로 다 할까. 숲속에 존재하는 온갖 미물들이 마구마구 악을 쓰며 바람에 반항하는 것 같다.

시간이 흐르고 바람 타고 들리는 새들의 울음소리, 짐승들의 울부짖음, 대자연이 방출하는 아픔의 소리. 이 세상에 소리란 소리는 다 함께 하는 것 같다. 내 두 귀가 멍멍해졌다. 진귀한 울부짖음에 잠은 멀리 달아났다. 이 험난한 세파에 시달리는 인간들의 주장처럼, 대자연도 자연 보호와 환경보전의 중요성을 탄식하며 포효하는 것 같다.

수필 강의를 듣다

김해 한옥체험관에서 정목일 수필가를 모시고 특강을 진행했다. 수로왕릉 근처에 있는 한옥 체험관은 참으로 단아하고 고풍스럽다. 2층에 찻집처럼 꾸며진 강의 장소는 통유리 창의 정갈한 방이다.

평소 존경하는 정목일 수필가는 중후한 멋을 풍기는 멋쟁이시다. 정목일 수필가는 절을 세 번 하고 피천득 수필가를 스승으로 모셨단다. 사람이 신에게 예를 표할 때 '절을 세 번 한다.'라고 하니 얼마나 존경하는지 알 수 있었다. 피천득 수필가와 정목일 수필가를 평소 존경한다.

장소가 아름다운 곳이라 그런지, 열띤 강의로 청중을 매료시키는 탓인지, 정목일 수필가의 능변으로 인해 한껏 분위기가 고조됐다.

그날따라 낯익은 김해문협 회원들이 많이 참석했다. 몇

번의 벨라 주최 강의를 들을 기회가 있었지만, 그럴 때마다 번번이 집안에 행사가 있어 가보지 못했는데, 숙제처럼 남아있던 강의에 참석해 개운했다. 분위기에 맞게 주최 측에서 준비한 다과와 차 한 잔이 고마웠다. 화기애애한 자리에 어색한 마음을 비우고, 열심히 경청했다.

피천득 수필가의 '인연'과 '수필론'은 읽었었다. 정목일 수필가는 피천득 수필가의 글 내용에 자신의 글을 비교해가면서 이해하기 쉽고 잘 알아들을 수 있게 열강을 했다.

"시와 소설은 허구(픽션)의 세계이지만, 수필은 작가의 체험을 바탕으로 한 사실(논픽션)의 세계이기에, 진실을 생명으로 삼는다. 작가가 겪은 체험을 바탕으로 쓰기 때문에, 상상력과 허구를 통해 진실에 접근하려는 시, 소설과 비교하면 더욱 적나라하고 진솔하게 자신을 드러내야 한다. 좋은 악기가 맑은 소리를 내듯이 좋은 삶이 좋은 글을 쓸 수 있다. 사람마다 지닌 마음의 거울은 제각기 다르다. 이 마음의 거울을 깨끗이 닦는 일이란, 곧 인격의 수련과 마음의 연마를 말한다. 아무리 철학과 사상이 심오하고 학식이 많은 사람일지라도, 수필가가 되기 위해선 마음의 연마가 필요하다." 열심히 메모했다.

매일 우리가 거울을 보고 자신을 아름답게 가꾸듯이 행복한 삶을 살기 위해 마음의 때를 닦아내야 하는 생활을 길들인다는 것은 쉽지 않으리라. 그렇지만 그렇게 되려고 노력하는 가운데 스스로 좋은 삶을 가꿀 수 있겠다. 내 마음속에 양심의 종소리가 울릴 때 참다운 글이 탄생하리라.

글 속에서 "인격의 향기가 나야 문장에서도 향기가 난다." 징 소리처럼 긴 여운을 남겼다. "좋은 문장이란, 글 쓰는 사람의 인격과 정신세계가 빛이 나야 향기가 나는 감동 있는 글이 된다." 작가들의 순수성을 가미하고 인격과 교양을 갖추라는 뜻이리라.

18세기 독일의 시인 노발리스의
"보이는 것은 보이지 않는 것에 닿아 있고,
들리는 것은 들리지 않는 것에 닿아 있고,
생각나는 것은 생각나지 않는 것에 닿아 있다."

이 문장을 인용하면서 열띤 강의를 이어갔다. 영국의 기자이자 작가인 폴 브러턴의 '대피라미트에서 보낸 하루'를 소개했다. 수많은 미로 속을 헤집고 함정에 빠졌을 때, 작가 자신이 느꼈던 것을 직접 기록하고 관찰하며 쓴 책은 기록의 중요성이 곧 존재 이유이고, 자각하는 삶이 되었더란 말씀은 참으로 감동적이었다. 또 권율 장군과 이순신 장군과 원균을 비교하며 기생 홍랑과 최경창, 불경의 화엄경 등에 대한 말씀을 더하시며 본 대로 들은 대로의 기록의 중요성을 일깨워 주셨다.

우리가 생활하는 데 발견을 하고 그 발견에서 깨달음을 얻어, 그곳에 비범함을 발견하는 것이 곧 차별 속에 개성을 발견하고, 특이함을 느끼는 것이다. 본 대로 겪은 대로 체험을 해서 기록하고 그 기록에다 감정을 개입하는 것이 곧 문학이리라.

'살아간다는 것은 곧 죽어간다'라는 것이란 말씀과 영원한 것은 없기에 기록의 중요성은 곧 존재 이유가 된다는 강의에 공감했다. 그래서 체험에 느낌을 더하고 인생에 대한 의미 부여가 있을 때, 한 편의 수필이 완성될 것이란 말씀에 강의의 주제가 담겼다.

수필은 치열한 자기 탐구, 존재에 대한 본격적인 성찰과 명상, 각고의 노력과 체험으로 이뤄진 기행이 좋은 수필을, 즉 글을 쓴다는 것은 감동을 줄 수 있게, 글 속에 체험과 느낌, 인생에 대한 의미 부여로 진한 감동이 녹아 있어야 하리라.

'인격에서 향기가 나야만 문장에서 향기가 난다.'

질투가 있는 한
사랑은 존재한다

영국의 철학자 베이컨은 "질투에는 휴일이 없다." 또한, 프랑스 속담에도 "질투하는 자는 죽지만 질투하는 마음은 죽지 않는다."라고 했다.

질투가 나쁜 것이 아니고, 사랑에 무서운 형벌이 없으면 참사랑이 있을 수가 없다는 말이 생각난다. 아마 진정한 의미의 질투란 서로가 잘 극복해 나가는 데서 참사랑이 싹튼다는 말을 하고 싶었을 것이다.

우리는 자칫 잘못하면 자기가 쏜 화살에 자기가 당하기 십상인 세상에 살고 있다.

하지만, 진정으로 누군가를 좋아하면 격한 질투는 눌러두고 자신의 사랑을 승화시키는 방법으로 질투의 마음을 잠재우는 길을 택해야겠다.

사랑은 우리에게 뭔가 많이 달라고 요구하진 않을 것이

다. 함께 있음으로 가슴 떨리고 말없이 넌지시 손을 잡아주는 것만으로도 행복할 거다.

지금 우리가 걷고 있는 인생길에도 오르막길이 있을 것이고, 때로는 험난한 가시덤불 길과 자갈밭 길도 있을 것이다. 그러나, 지금 내 옆에 사랑하는 사람과 함께라면 험난한 세상에 무엇이 두려우랴. 질투가 있는 한 사랑은 존재하며, 사람이 존재하는 한, 질투와 사랑이 함께 공존하리라.

배려하며 서로 따뜻하게 손잡아 줄 때, 질투로 인해 미움과 증오의 진흙탕 속에서 허덕이진 않을 것이다.

꽃비 내린 날

꽃비가 내려 나무들이 물기를 머금어 활기차고 싱그럽다. 꽃봉오리 활짝 터트린 철쭉이다. 곧이어 낙화하는 철쭉의 초라한 모습이 그려진다.

세월이 바삐 바삐, 어서어서 가잔다. 더불어 우리네 삶도 깊어가니 마음이 숙연해진다. 하늘에서 구멍이 났는지 강물 위로 시린 눈물을 뚝뚝 흘린다.

하늘도 나처럼 울고 싶은 날인가 보다. 빗방울이 강물 위로 마음껏 퍼질러 앉았다. 삶의 시간도 한 방울씩 모여 세월이란 울타리를 엮어 나가리라.

세월의 울타리를 촘촘하게 엮고 싶다.

빗속에 차들이 엉금엉금 거북운행이다. 시간도 거북운행

을 한다면 마음에 여유가 조금 생길 것 같다. 팔짱 끼고 우산을 함께 쓰고 가는 연인들이 다정하게 보인다.

일상의 탈출을 꿈꾸며 늘 비행하고픈 작은 소망이 내게도 있었다. 저 연인들 속에 끼여 빗속을 원 없이 걷고 싶다. 소나기 내리던 날, 옷이랑, 책가방이 흠뻑 젖어 친구들과 깔깔대던 그 시절이 그립다.

참으로 꿈 많았던 시절이었다. 당차고 활달했다. 두 갈래 머리 총총 땋아 청순했던, 소녀적 모습을 영원히 간직하고 싶다.

계절을 탐한다

봄을 제대로 느끼지도 못했는데 입하를 맞았다. 계절의 감각을 피부로만 살짝 느꼈다. 벌써 여름이다. 세월의 감각이 무뎌지는 탓일까? 봄이면 유별나게 자목련을 좋아한다. 김해 연지공원에 피어 있는 자목련은 보기만 해도 행복하다. 청정한 공기와 더불어 연못 주변에 피어 있는 자목련의 자색 빛에 매료된다.

자목련에 얽힌 전설이다.

"옛날 하늘나라 왕에게 아름다운 공주가 있었는데,

많은 귀공자들이 그녀를 따랐으나

공주는 오직 늠름한 북쪽 바다지기 사나이만을 좋아하였다.

어느 날 몰래 궁전을 빠져나온 공주는 먼 길을 걸어 바다지기에게 갔는데,

이미 그에게는 아내가 있었다.

공주는 이루지 못할 사랑을 비관하고 그만 바다에 몸을 던졌다.

이 사실을 뒤늦게 안 바다지기는 공주를 고이 묻어 주었고,
자기의 아내도 잠자는 약을 먹여 공주 옆에 나란히 묻었다.
그 후 이 사실을 안 하늘나라에서는 공주는 백목련으로,
바다지기의 아내는 자목련으로 만들었다."

백목련 꽃잎들이 북쪽 하늘로만 피어 있는 이유가 사랑하는 바다지기님을 그리는 공주의 마음이었을까? 자목련은 북향화란 이름도 가졌다. 자목련의 꽃말은 자연애 혹은 숭고한 사랑이다.

부산 사하구 에덴공원에 심어진 백목련에 눈길을 보내다 애꿎은 세월 탓만 했다.

세월이 눈 깜빡할 사이란 말을 실감한다. 겨우내 살랑 바람에 꽃비를 그리는 내 마음이 동동거렸다. 그렇게 맞이한 봄을 향유했다. 그러나 몸소 발로 걷고 마음으로 쓰게 된 기행 시와 수필은 별로 없다. 그저 시간에 순응하며 바삐 움직이며 살았다.

오늘은 가는 봄을 아쉬워하며 단비 속에 지청구를 해댔다. 가랑비가 보슬비로 변하니 을숙도를 마음껏 거닐고 싶었다. 해당화가 피었다는 소식에 한달음에 달려가고 싶었지만, 빗속을 뚫고 김해 문협 월례회에 참석했다. 길가 느티나무 밑에 핀 개망초가 새하얀 모습으로 빗속에 선비의 기품으로 외롭게 보였다. 언젠가 가보았던 창원 성주 저수지에

고고한 학이 유유히 날다가 외다리로선 모습이 떠올랐다.

빗속에 많은 생각이 부채질한다. 봄의 열정을 그리는 내 마음 탓일까?

김해 시청 앞, 차량 등록사업소 옆을 스치면서, 길가에 심어진 관상용 양귀비에 눈길이 갔다. 양귀비꽃의 붉음이 가랑비와 묘한 대비를 이뤘다. 오늘 내 입술에도 붉은 립스틱을 발랐다. 해당화가 흐드러지게 핀 길을 걷고 싶다. 아쉬운 마음이 더 들기 전에 을숙도 에코관으로 달려가야겠다. 작년에 그곳 주변에서 해당화가 무더기로 핀 것을 보았다. 그날, 붉은 열정을 띠고 가장 아름답게 핀 해당화 한 송이를 마음껏 사랑했었다.

봄이면 나는 유난히 등꽃 향기를 좋아한다. 에덴공원 솔향기 찻집에 피어있는 등꽃은 밤이면 달빛에 고고한 나래를 펼치며 그 향기를 마음껏 발산한다. 별빛과 어우러진 등꽃 향기는 뭐라 형언하기 어렵다. 살랑 바람에 등꽃비가 되어 꽃잎이 휘날리면, 그만 홀라당 내 마음을 다 빼앗겨 버린다.

그 꽃잎을 가만히 전신에 맞다 보면, 꽃잎 따라 달빛 탄 월궁항아가 돼 하늘을 나는 기분이다. 그런데 이상 기후 탓에 일찍 피어난 등꽃은 가끔 계절의 감각을 잊어 낙화를 부추긴다.

오늘은 모처럼 기다리던 단비가 내렸다. 농촌에는 모내기 준비로 분주한데 가뭄이 길어 농부의 근심이 크다. 길가 가로수에 까치가 까치둥지를 높게 짓는 것을 보니, 비가 많이 내릴 것 같다. "올해도 어김없이 비가 많이 내리려는지?" 시댁에 있는 회나무에 까치가 둥지를 높게 지으면 시어머님께서 자주 하시던 말씀이라 생각이 났다.

입하를 맞이한 날, 풍년을 기원하게 하는 단비는 곧 한 줌의 희망 빛이다.

내 노래에 날개를

어릴 때부터 노래 부르기와 춤추길 좋아했다. 동네 어르신들은 내가 김추자, 김세레나같이 노랠 잘하고 춤도 잘 춘다고, 내 머리를 쓰다듬어 주시며 예쁘다고 볼을 꼬집었다. 기억에 의하면 난 그 당시 텔레비전에 나오는 가수들 흉내를 곧잘 내었다. 또 미스코리아 선발 대회에 출전한 미녀들의 포즈를 따라 하며, 걸음걸이 흉내도 잘 내, 사람들을 웃게 했었다.

어릴 때는 동네에 텔레비전이 겨우 한 대가 있어 그 집에 사람들이 모여 '여로' 드라마를 보았던 기억이 선하다. 그 유일함을 우리 집에서도 누렸다. 날마다 텔레비전 덕분에 동네 가수가 되어 마음껏 꿈을 펼쳤다.

그런데 15살 이후 키가 크질 않았다. 오 형제 중에 내 키가 제일 작다. 흔히 말하는 팔등신이 되지 못하여 미스코리아가 되는 꿈은 포기했다. 가수는 꼭 되고 싶었다.

소풍 때나 야유회에서는 항상 대표로 뽑혀, 그날은 가수가 돼 등수에 매김 몫을 했다. 가수 중에도 특히 김추자 노랠 좋아했다. 지금도 무인도는 잘 부른다. 사람들은 고음 처리가 힘들다지만, 난 높은음을 잘 불렀다.

유년 시절 교회 성가대도 하고, 음악 활동에서도 늘 소프라노 파트였다.

그러다 중학교 때 율동 선생님이 고전무용 승무를 권했다. 집에 돌아와 부모님께 상의했다. 그 당시 승무를 하려면 한 달에 많은 돈이 들어갔다. 내 밑으로 남동생이 세 명이다. 부모님께선 굳이 하고 싶으면 하라고 하셨지만, 난 일찍 철이 들었는지 꼭 해야 할 필요성을 느끼지 못했다. 선생님께 못하겠다고 말씀드렸지만, 무용에 소질이 많다고, 승무를 무상으로 가르쳐 주셨다. 열심히 배워 그 당시 중앙동에 TV 방송국이 있었는데, 딱 한 번 출현하고는 그만두었다. 지금도 승무 춤사위는 미련이 많이 남았다.

나는 소싯적 별명이 팔방미인이었고 약방에 감초였다. 탁구 등 운동에도 좀 소질이 있었다. 백 미터 달리기를 잘해 별명이 말이었던 때도 있었다. 지금 생각하니 그런 때가 있었는지 아득하다.

시간이 흐르면서 글 읽기와 노랠 부르기는 조금씩 했던 것 같다. 춤추기를 좋아해서 각종 유행하는 춤은 거의 다 소화했던 것 같다. 그 당시 서면 일대에서 디스코 경진대회가 있었는데, 친구와 함께 참가해서 일등을 했다. 일명 '블랙다운'이란 춤이었다.

그러고는 삼십 대, 사십 대는 오로지 살림만 하면서 독서광이란 별명을 하나 더 얻으며 맏며느리의 삶을 살았다. 딸과 아들을 키우면서 시어른들의 환후 속에 삶의 곡예사가 돼, 그렇게 시간은 바삐 흘렀다.

2005년도 시인으로 등단하면서 노랠 부르는 게 서서히 취미로 등장했다.

대외적인 행사에 초댈 받았다. 수많은 노랠 불렀기에, 어느 장르든지 조금씩 부를 수 있었다. 성대 수술을 한 이후였지만, 나에게 주어진 달란트 같았다. 그리운 금강산과 보리밭, 선구자, 목련화, 기다리는 마음은 지금도 잘 부른다.

어느 시인님은 리비아에서 내 노래 동심초를 듣고 싶어 했다. 어찌 되었든 모든 희로애락을 노래와 함께 시작하고, 노래와 함께 끝난다 할 정도로 노래 부르기를 좋아한다.

아직도 내 노래에 날개를 달고 싶다!

통영 욕지도

승학산에 까치 울음이 오늘따라 유난히 청아하다. 부부들 이십 명이 일박 이일로 통영의 나폴리라 불리는 욕지도에 가는 날이다. 나들이를 눈치챘는지 까치가 따라나선다.

남편과 통영항 여객터미널로 가서, 부부들과 합류하기로 했다. 토요일인데도 차가 막히질 않았다. 통영은 가끔 가보는 곳이기에 그리 낯설지는 않지만, 욕지도는 처음 가본다. 전날 우리가 가는 곳을 인터넷에 검색해 보았다. “통영시 욕지도는 통영항에서 뱃길로 약 30km 거리의 남해상에 떠 있다.

배로 약 1시간 30분 정도 소요되며, 남해 먼바다에서 거세게 불어오는 바람과 파도에 형성된 절벽 해안의 풍광이 보는 이의 마음을 사로잡는 섬이다.”

통영에 도착해도 욕지도를 향하는 여객터미널은 두 곳이 있단다. 우리는 내비게이션 따라 무사히 통영항에 도착했다. 다른 터미널에서도 욕지도를 향하는 배가 있다는데, 각자 흩어진 친구들을 기다려, 오후 세 시 반 막배를 탄다. 검푸른 파고에 몸체를 맡긴 여객선은 오십 대의 차를 실을 수 있다. 사람은 정원이 몇 명인지, 참으로 많은 사람이 우리와 함께 욕지도를 향한다. 거제 외도와 제주도는 가봤지만, 섬 중에 욕지도는 큰 섬에 들어간다. 무사히 배를 탔다. 검푸른 파도에 하얀 물거품이 부서지고 갈매기 떼의 춤사위와 노을 빛에 반사된 그 황홀한 비경에 홀딱 반했다.

너무 환상적인 곳은 입만 헤벌쭉, 말을 잃는다는 그 말이 실감 났다. 물보라를 일으키며 출렁이는 파도 속으로 즐거움도 함께 출렁였다.

배는 날씨 탓인 지 한 시간 만에 도착했다. 또 차를 타고 오 분을 달려 우리가 머무는 욕지 펜션에 도착했다. 섬 곳곳에 민박과 펜션이 있어 가히 환상적이었다. 우리가 머무는 펜션의 주인은 김해 살다 그곳 욕지도를 찾아 바다 사나이가 되었다.

평소에 색소폰을 잘 부르기에 그곳의 펜션 이름도 색소폰 하우스라 지었다. 일전에 텔레비전에도 나왔던 사람이다. 눈앞에 탁 트인 바다가 숨 막히는 도심의 탈출자들을 도와 한껏 분위기에 취하게 했다. 사시사철 이곳에 살면 스트레스는 받질 않겠다며 주인에게 물었다. 그러나 그곳에 사는 사람들은 사람이 그리워서 스트레스를 받는다고 한다. 참으로 사람 사는 세상은 요지경 속이란 말이 생각났다. 안주인이 부랴부랴 서둘러 파랫국을 끓이고, 우리가 준비해 간 돼지 삼겹살 구이로 여흥의 시간이 무르익었다.

배를 타고 가는 내내, 그곳 주인에게 호기심이 생겼었다. 색소폰을 즐겨 부른다는 말에 음악 동호인 같았다. 우리를 반겨주는 팡파르를 시작으로 두 시간을 신나게 놀았다. 나는 뱃멀미 약을 먹었기에 몽롱한 기운에 잘 놀 수가 없었다. 남편 친구들은 다들 노래 실력이 수준급이라 마치 가수들의 축제장 같다. 시간은 점차 파도 소리와 함께 흘렀다. 섬에서 듣는 색소폰 소리는 환상의 선율이다. 갯내음 속에 색소폰의 선율은 섬 전체로 울려 퍼지고, 달 밝은 밤을 잠재우는 소야곡이었다. 밤하늘 별들이 초롱초롱, 욕지도의 밤은 잔잔한 여운을 남기며 깊어만 갔다.

이른 새벽을 알리는 새들의 울음소리에 섬 전체는 여명으로 깨어났다. 우리는 환상적이고 아름다운 섬을 한 바퀴 돌았다. 몇 팀들은 바닷가로 낚시하러 나가고 몇 팀은 섬 전체를 돌면서 천황산을 등산하기로 했다. 나는 산행을 잘 못하기에 작은 공원의 벤치에 앉아 바다의 절경을 감상하기로 하고, 나머지 팀들은 산을 올랐다.

벤치에 앉아 쉬는 젊은 대학생 둘이서 시에 대하여 논하고 있었다.

말씨로 보아 서울에서 온 학생 같았다. 명색이 시인이라 한몫 거들고 싶었지만, 그 학생들의 대화가 사뭇 진지해 가만히 듣고만 있었다. 정치적인 이야기를 섞어가면서 말을 하는 시인 중에는 요즘 친일파라 칭하는 시인의 이름이 들렸다. 젊은이들에게서 문학의 미래가 엿보였다. 마치 예전의 내 모습을 보는 것 같았다.

해풍이 간간이 불어 옷깃을 여미게 했다. 포근한 햇살 속에 때아닌 들꽃이 피어 그들의 앙증스러운 모습에서 봄이 연상됐다. 등산 간 사람들이 가다가 돌아오는 소리가 들렸다. 등산복 차림이 아니라 여러 가지로 불편했기에 중간쯤 가다 돌아온다고 해서 내심 반가웠다. 날씨는 포근했지만, 해풍이 불어 싸늘했기에 따뜻한 커피를 마시고 싶었다. 섬 나들이를 끝내고 서둘러 우리는 육지로 돌아갈 채비를 서둘렀다. 바다낚시를 간 사람들이 오질 않아 노랠 부르는 시간을 잠시 가졌다. 해풍 속에 갈매기와 더불어 섬 전체를 울리는 내 노래가 멀리 희미하게 보이는 대마도까지 울려 퍼져 나가는 것 같았다.

언제 또 이런 낭만 속에 노래를 부르나 싶어 혼신의 힘을 다했다. 그렇게 한차례 내 노래 시간이 끝났다. 점심으로 밀가루 반죽을 해서 아무런 재료를 넣지 않고, 멸치 다시마 국물로 끓여준 수제비 맛이 꿀맛이었다. 간단하게 후식을 먹고는 이별의 시간을 앞당겼다. 아쉬운 시간이었지만, 약 한 시간을 남겨두고 배 선착장으로 향했다. 그런데 돌아가는 발걸음이 왠지 가볍지가 않았다. 마치 오랜 지기와 헤어지는 것 같아 다들 같은 마음이었다. 정들자 이별이었다.

침묵의 시간

지구상에 공존하는 사람들이 어쩜 이렇게 잔인할 수 있을까? 알게 모르게 일어나는 일들로 온갖 요지경 속이다. 온통 살인 뉴스에 귀를 막고 싶다. 전쟁으로 사람들이 죽어 나가고, 기아에 허덕이고 병마에 시달리며 고통 속에 신음하는 세상사다.

아들이 군대 간 이후 마음가짐을 바르게 하고, 행동으로 먼저 실천했다. 마음속에 화가 불같이 일어나도 또 내 마음과는 판이하게 비켜가는 일상이 되어도, 늘 마음속에는 아들과 딸을 먼저 생각했다. 일상을 착하게 살면 그게 내 자식에게 덕으로 돌아갈 것 같았다. 간혹 마음과는 달리 무슨 일이 생기면 모두가 수양이 부족한 내 탓이라 여겼다.

그러나 마음을 비우고 살려고 노력하면 할수록 마장(魔障)이 심했다. 하루하루 살얼음판 같아 착하게 살려고 부단히 노력했다. "긍정적인 생각을 하는 사람은 문제를 두려워하지 않기 때문에 긍정적인 결과를 얻는다." 노만 빈센트 빌의 말을 깊이 새겼다.

나도 감정이 있는 사람이기에 많은 시간 인내와 싸웠다. 내 마음속에 부질없는 욕망이 싹틀 때는, 잠시 모든 짐을 벗어 버리고 싶었다. 이런 마음도 잠시뿐, 막상 뒤돌아볼 때는 후회와 번민의 시간이었다.

법상 스님의 글이 힘이 되었다.

"숲은 또다시
침묵의 시간이다. / 중략
삶의 길 위에서
한참 물이 오르며 꽃망울을 틔우고
훨훨 날갯짓할 때가 있어야 하겠지만,
이따금 침묵으로 안을 비추는
내적인 자기 수련의 시간이 필요하다."

병마의 침입으로 죽을 만큼 힘들다고 느낄 때도 믿음과 희망을 저버리지 않았고, 내일은 또다시 태양이 뜬다는 희망으로 나침반을 삼았다. 인내와의 담금질은 지금도 계속이다. 내 마음이 흔들리고 마음속에 악이 자라나도, 이성은 늘 바른길로 가라 인도하니, 이 또한 감사하다. 미끄러져 다친 이후, 긍정적인 사고로 육신의 건강을 허락하길 간절히 빌고 또 비는 일상이다.

불교를 접하며

불교에 대해 전혀 무지몽매한 내가 요즘 불교에 대한 열정으로 가득하다. 무슨 계획이 있어 인터넷에서 불법에 대한 공부를 시작한 게 아니다. 기독교에서 개종을 하고 불법을 알기까지는 무조건적인 믿음이었다. 공부를 시작하면서 경전에 나오는 용어들이 너무 어려워 도중하차하고 싶었다. 어린애가 첫 발걸음을 떼듯이 매사가 조심스럽고 모든 게 의문투성이였다. 불교 경전에 나오는 용어가 무슨 뜻인지 몰라 컴퓨터에서 검색을 했다. 불교 카페 몇 군데에 가입하고, 그 뜻을 조금씩 알게 되었다.

공부하면서 잡념이 생기지 않게 불경을 틀어놓으니 어느 암자에 있는 것 같다는 말을 듣게 되었다. 비문증이 심해 안과 의사에게 경고를 받은 지 오래다. 사경하기보다 오히려 불경을 들으면 마음이 편했다. 하루라도 불경을 듣지 않고 경전을 읽지 않으면, 왠지 불안했다. 문학에 관한 대외적인 활동을 잠시 접었다. 부처님 말씀에 푹 빠지면서 오욕 칠정에 얽매인 마음이 조금씩 풀렸다. 우리 가족은 가끔 김해 은하사를 찾는다. 그곳에 도착하기 전 산길에 접어들면 풍경소리가 은은하게 바람결에 들려온다. 예전부터 사찰의 풍경소리를 들으면 마음이 편했다.

내가 불교로 개종하게 된 계기가 있었다. 친정아버님이 갑자기 돌아가셨다. 그 충격에 하고 싶었던 등단을 앞당겼다. 국가보훈문화예술협회 한울문학을 선택해선 시 열 편을 보내놓고 심사를 기다리는 동안, 인터넷에서 우연히 서울 신설동에 있는 '연인사'란 불교 카페에 가입했다. 그곳에 계시는 도창 스님은 불교 음악방송을 하면서 인터넷에서 이미 많은 보시를 하고 계셨다. 카페에 가입하고 메인에서 부처님 상을 보는 순간, 신기하게도 향냄새가 났다. 그 향내는 대략 삼분 정도 이어졌다. 나는 순간적으로 너무나 당황했다. 어떻게 이런 일이… 이런 일이… 수없이 되뇌었다.

컴퓨터 화면에서 부처님 상을 보는 순간, 향냄새가 나는 일이 과학적으로 증명이 되는 일인가? 이웃에서 제사를 지내려고 대문을 열어 놓고 그 집에서 피운 향내가 바람을 타고 우리 집까지 풍겨 왔는지 자리에서 일어나 대문을 열고 확인했다. 아니었다. 다시 들어와 부처님 상을 보는 순간 그 냄새가 또 맡아졌다. 남들에게 이런 기이한 현상을 말하면 정상으로 보지 않을 것 같았다. 가까운 친구에게 이야기했더니 신기하단다.

글을 쓰는 이 순간에도 그 향내가 스친다.

2005년 3월 26일 등단 식을 마치고는, 연인사 도창 스님을 찾아뵙고 이런 불연으로 연인사를 찾게 되었다고 말씀드렸다. 스님께서는 빙그레 웃으시며 불심이 강해서 그렇다고 말씀하시면서, 앞으로 불자로서 성심을 다하라는 격려와 함께 도창 스님의 친필을 선물 받았다. 하지만 그 이후 게으른 불자가 되었다. 내 마음이 다급하면 부처님을 찾았다. 어느 절을 정해 놓고 다니지도 않았다. 그냥 내 마음이 움직일 때마다 인터넷 절을 찾아 게시판에 사경하고 불경을 들었다.

"서당 개 삼 년이면 풍월을 읊는다"라고 예전부터 주워들은 말은 있어 그냥 무조건적인 믿음이었다. 불교 카페에 들려 신도들의 신앙 체험 수기를 읽었다. 유명 선사들의 경험담도 읽고, 영험담은 무조건 믿었다. 나에게 종교를 물으면 불교란 말이 자연스럽게 나왔다. 삼십 대 초에 미끄러져 다친 이후, 몸이 자주 아프고 내 마음이 약해졌는지 나이가 들수록 불법에 의지하게 되었다. 마음이 평온하다. 나름대로 부처님 말씀에 맞게 살려는 자신이 참으로 대견하다. 불경에서 말한 '욕심', '성냄', '어리석음'의 삼독을 없애도록 부단히 정진해야 한다.

산소 가는 날

산소 가는 날, 하늘에는 뭉게구름이 두둥실, 날씨가 쾌청했다. 아침 일찍 부모님을 뵈러 간다는 설렘을 안고 한껏 멋을 부려 나섰다. 햇살이 너무 강해 초여름 날씨 같았다. 양산을 가져갔기에 그나마 다행이었다. 아버님을 꿈속에서 뵈었다. 그동안 간절한 사무침이었다. 마침 어떻게 내 마음을 알아차렸는지, 지인이 전화를 했다. 6개월 전에 돌아가신 어머님을 뵙고 싶다고 했다. 어쩜 서로 짜 맞춘 듯이 통했다. 우리는 각자 부모님의 산소에 같이 가자는 약속을 하고 전화를 끊었다.

뻥 뚫린 고속도로다. 약 한 시간을 달려 도착한 산소 주변엔 산수유, 개나리가 활짝 피었고, 양지 녘 야산에는 진달래가 한 무더기를 이뤄 환했다. 흐드러진 백목련도 몽환적이었다. 피고 지는 자연의 신비가 경이로웠다. 새소리가 귓전을 울린다. 햇살이 곱게 비치는 12평 아버님이 계시는 곳은 마치 공원 같다. 과일과 생전에 좋아하시는 커피와 카스텔라 빵을 올리고 절을 했다. 지인도 나와 같은 파평 윤씨다. 마치 친아버지를 뵌 것 같단다. 옆자리에 계시는 고인들께도 묵념했다.

후회막급한 시간이었다. 목이 멨다. 불효했기에, 마음이 아렸다. 맏며느리로 늘 마음뿐이었던 그 세월이 너무 아팠다. 돗자리를 펼쳐 아버님 곁에 한 시간가량을 머물렀다가, 우리는 서둘러 지인의 어머님 산소가 있는 진교로 향했다. 산수경관이 아름다운 고속도로를 달리니 마치 소풍 가는 듯, 기쁨이 배가 되었다. 산세 좋은 진교에 도착했다. 저수지가 있고 소나무가 병풍을 두른 곳에 어머님이 계셨다. 춥지 않을 것 같았다. 생전에 뵈었기에, 내 친정어머니 같았다.

돌아가신 지 얼마 되지 않았기에 생전에 들었던 목소리가 환청처럼 들려왔다. 극락왕생을 기원하며 따로 준비해 간 음식을 올리며 절을 마쳤다. 자연의 소리가 요란하다. 깊은 산속이라 어디선가 짐승들의 울음소리도 들렸다. 둘만 있는 게 무서웠지만 지하에 계시는 부모님들이 우릴 지켜 줄 것이란 간절한 믿음이 있었기에 조금은 덜 무서웠다. 그렇게 하염없이 고인들을 기리며 애통한 마음을 접고는 다음을 약속하며 자리에서 일어났다. 섬진강 변에 들러 점심을 먹고 곤양 다솔사에 들렀다. 부처님이 누워 계시는 다솔사는 인상 깊었다. 육 년 전에 가족들과 지리산 연곡사와 다솔사에 갔을 때는 함박눈이 펑펑 내렸었다. 다솔사는 언제 와도 고적하다.

풍경 소리가 바람에 리듬을 탔다. 절 마당에는 이름 모를 꽃들이 소담하고, 대웅전 뒤란의 텃밭에 쑥들이 한 무더기로 군락을 이뤄 바람에 은은한 쑥 향이 묻어났다. 귀갓길을 서둘렀다. 절 모퉁이에 각종 봄나물을 팔고 있어, 취나물과 더덕을 사니 부러울 것이 없었다. 한껏 즐거운 마음으로 돌아오는 길은 피곤한 줄도 몰랐다. 헤어짐이 아쉬워 잠시 김해 연지공원에 들렀다. 천천히 노을이 내려앉는 황혼 길을 걸었다. 한적한 카페서 커피 한 잔을 마주하며 아름답고 공기 좋은 김해에서 부산으로 이사 온 것을 잠시 후회했다.

태풍

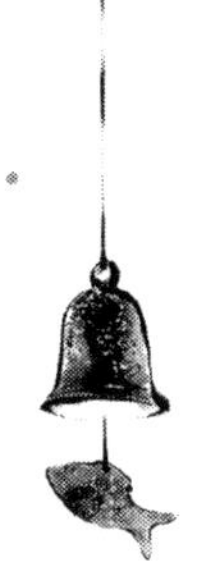

인간을 향한 자연의 경고는 이미 시작됐다.

"환경보호에 앞장서자"란 표어 아래 열심히 주창하며 여러 가지 연구를 하는데도, 너무 안이하게 대처한 결과로 자연은 우리에게 재앙을 내린다.

실제 사상 초유의 기록이란 제주도의 태풍 피해 사태를 인터넷에서 동영상으로 보았다. 정말 무서운 질책이다.

태풍은 일주일 이상 지속할 수도 있단다. 동시에 같은 지역에 하나 이상의 태풍이 있을 수 있기 때문에, 이때 발표되는 태풍 예보를 혼동하지 않게 하려고 태풍 이름을 붙이게 되었다고 한다. 태풍에 이름을 붙이기 시작한 것은 1953년부터다.

태풍에 처음으로 이름을 붙인 것은 호주의 예보관들이다. 그 당시 호주 예보관들은 자신이 싫어하는 정치가의 이름을 붙였는데, 예를 들어 싫어하는 정치가의 이름이 소나무라면

"현재 소나무가 태평양 해상에서 헤매는 중입니다" 또는 "소나무가 엄청난 재난을 일으킬 가능성이 있습니다"라고 태풍 예보를 했다. 제2차 세계대전 이후, 미 공군과 해군에서도 공식적으로 태풍 이름을 붙이기 시작했다는데 이때 예보관들은 자신의 아내나 애인의 이름을 사용했다고 한다. 이러한 전통에 따라 1978년까지는 태풍 이름이 여성이었다가 이후부터는 남자와 여자 이름을 번갈아 사용한다고 한다.

또한, 북서 태평양에서의 태풍 이름은 1999년까지 괌에 있는 미국 태풍합동경보센터에서 정한 이름을 사용했단다. 그러나 2000년부터는 아시아 태풍위원회에서 아시아 각국 국민의 태풍에 대한 관심을 높이고 태풍 경계를 강화하고자 태풍 이름을 서양식에서 아시아 지역 14개국의 고유한 이름으로 변경하여 사용하고 있다.

태풍 이름은 국가별로 10개씩 제출한 총 140개가 각 조 28개씩 5개 조로 구성되고, 1조부터 5조까지 차례대로 사용한다. 140개를 모두 사용하고 나면 1번부터 다시 사용하기로 정했단다. 태풍이 보통 연간 약 30여 개쯤 발생하므로 전체의 이름을 다 사용하려면 약 4~5년이 소요된다고 한다.

우리나라에서는 '개미', '나리', '장미', '수달', '노루', '제비', '너구리', '고니', '메기', '나비' 등의 태풍 이름을 제출했고, 북한에서도 '기러기' 등 10개의 이름을 제출했으므로 한글 이름의 태풍이 많아졌다.

우리는 태풍이 불 때 각종 안전사고에 대비해서 지켜야 할 사항을 여러 번 경고받았다. 태풍이 오고 있을 때는 저지대나 산사태가 발생할 위험이 있는 지역에서는 대피 장소와 비상연락처 등을 미리 알아두고 집안 밖에 전기 수리는 감전의 위험이 있으니 절대 해서는 안 되고, 만약 운전 중이라면 감속 운전을 하고 집안의 창문이나 출입문은 잠그고 날아갈 위험이 있는 물건은 단단히 고정해야 한다. 그리고 높은 건물의 유리창에는 테이핑 처리를 대각선으로 해서 발라두기도 하고, 가정의 하수구나 집 주변의 배수구를 점검해 막힌 곳이 없는지 확인하고 막힌 곳은 뚫어줘야 한다. 응급 약품이나 손전등 등 비상 물품도 갖춰놓는 게 좋다고 알고 있다.

농촌 지역에서는 논 배수로와 비닐하우스를 점검해야 하고, 해안지역은 어업 활동을 중지하고 선박은 단단히 묶어 두어야 한다. 또한 어로시설을 철거하거나 고정해 두어야 한다. 태풍으로 호우가 왔을 때는 라디오나 텔레비전의 기상 예보에 귀를 기울이고 무너진 지붕이나 담장은 없는지 수시로 확인해야 하며 가능한 외출은 삼가는 게 좋다. 긴급 사태는 즉시 안전지대로 대피하고 수도, 가스, 전기는 반드시 차단해야 한다는 것을 수차례 들었을 것이다. 길 위에 있을 때는 천둥 번개를 피하고자 전신주나 나무 밑으로 피하는 건 오히려 더 위험할 수 있으며, 천둥 번개가 칠 때는 우산을 사용하지 않는 것이 더 안전하다. 북한산 등반자들이 번개에 다섯 명의 목숨을 잃은 것만 들어도 알 수 있다.

태풍이 지나고 난 뒤에는 먼저 늘어진 고압선이나 전신주 주변은 피하고 침수된 집안은 가스가 차 있을 수 있으니 환기를 시킨 후 들어간다. 식수는 마시기 전에 반드시 오염 여부를 점검해야 한다. 태풍의 중급 위력은 제2차 세계대전 당시 히로시마에 떨어진 원자폭탄의 만 배에 달하는 엄청난 에너지라고 한다. 추석 명절을 앞두고 수많은 인명 피해를 앗아간 태풍 나리의 경고는 이미 우리 눈앞에 자연재앙이 얼마나 무서운가를 보여준 사례이다.

자연재해는 이미 보이지 않게 인간들의 세계에 경종을 울렸다. 후손들에게 오명을 듣지 않으려면 절체절명으로 자연 보호에 앞장서서 자연 보호를 해 나가야 할 것이다. 벌과 나비가 사라지고 있다는 기후 변화의 경고, 물과의 전쟁, 자연재앙은 모두 인간들의 잘못이다!

노력

문예대학을 수료했다. 교수님의 강의 속에 "날마다 주제를 정하여 삼십 분 내지 한 시간 정도는 부단한 노력이 따라야 글을 잘 쓴다."라고 하시던 말씀이 생각난다. 늘 머릿속에 생각만 한가득, 그 생각들을 그림처럼 그려내지 못하는 지독한 게으름에 자신을 탓한다.

글을 잘 쓰려는 노력은 매일 얼굴을 가꾸듯이, '노력'이라는 기름을 쳐 주면서 문장력을 잘 가꾸어야 하는데, 느슨하고 축 처져 나태해져만 간다. 매일 한 가지 숙제를 내, 글을 쓰게 하는 것이 꼭 필요한 것 같다. 글을 잘 쓰도록 노력하는 것도 자기와의 부단한 싸움이다. 그 싸움에서 이겨 한 편의 글이 탄생되었을 때 자신감은 한 단계 더 높이 승화하리라.

나와의 약속을 철저하게 지켜나가는 생활, 그 약속을 지키는 습관화가 무엇보다 시급하다. 글이 쓰기 싫어 이 핑계, 저

핑계 대면서 나태해져 가는 자신을 쉽게 용서하고 체념하는 버릇을 고쳐야겠다. 머릿속에 지식이 없으면 글쓰기를 중도에 포기한다기에, 노력하기에 따라 글을 잘 쓸 수 있다는 자신감을 늘 가져야겠다. 무엇보다 매사에 긍정적인 사고로 실전에 임하는 "도전 정신"이 나에겐 부족하기에 우선 마음가짐부터 정립하련다.

지식의 매개체를 인터넷에서 검색하고 신문에서 각종 정보를 입수해 나름대로 글을 쓰는 글감을 구해보지만, 어떻게 쓰면 글이 매끄럽게 연결돼 한편의 글이 탄생하기까지, 구성을 잘 엮어서 완성해 나가야 할지, 그게 늘 숙제 같아 부담이 되는 현실이다. '날마다 노력하는 자세를 가져 부단하게 담금질하면 언젠가는 꼭 글을 잘 쓰게 될 거야' 하고 최면을 걸어 본다.

나만의 버릇이 생겼다. 글의 어휘가 부족할 때는 컴퓨터를 켜, 음악 사이트에 들어가 요즘 유행하는 대중가요를 듣고 또 흘러간 민요나 팝송도 들어가면서 그 가사에 심취하노라면 가사 속에 문득 글의 소재를 발견하기도 하고, 부족한 어휘에 연결 단어를 생각하게 되어 풀리지 않는 실마리에 해답을 얻는 나만의 글 방정식을 풀어 본다.

김학 수필가의 글이다.

"거울과 사진은 그 기능이 사뭇 다르다. 거울은 현재의 나를 보여 주지만 사진은 과거의 나를 보여 준다. 거울은 현재

요, 사진은 과거라는 이야기다. 하기야 1초 전도 과거라 하지 않던가. 과거의 나를 보고 싶거든 사진첩을 펼쳐 볼 일이요, 현재의 나를 보려거든 거울을 보아야 한다. 그렇다면 미래의 나는 어디에서 찾아야 할 것인가.

미래의 나를 헤아려 보려면 부모님의 얼굴을 바라보면 될 듯싶다. 얼굴의 윤곽이 닮은 꼴이 아니어도 상관할 바 없다. 부모님이 불행스럽게도 일찍 타계(他界) 하셨다면, 이웃집 노인의 얼굴을 살펴보아도 된다. 요람에서 무덤까지의 인생 역정이란 대동소이한 과정을 밟게 마련이니까."

- 거울을 보며, 인생을 배우며 중에서

가을 하늘 풍경

앞산에는 산바람에 몸을 맡긴 나뭇잎들이 수런거린다. 태풍 타파가 지나간 하늘에 구름이 각종 형상을 만들면서 수런거림에 동행한다. 오늘같이 맑고 투명한 하늘을 바라보면, 갖가지 다양한 구름 따라 내 마음의 붓도 함께, 무지갯빛 수채화가 그려진다.

가끔 동심에 젖는다. 구름 속을 눈여겨보면 청둥오리가 하늘 호수에다 물장구치며 먹이를 찾는 모습이 보인다. 동쪽 하늘에는 구름 빗자루를 타고 나는 백설 공주 이야기 속의 마귀할멈도 보이고, 서쪽 하늘에는 마귀할멈이 백설공주를 질투해 독약이 든 사과를 먹여, 백마 탄 왕자가 나타나 구해 주길 기다리며, 오랜 시간 잠을 자며 덮었던 양털 이불도 보인다.

이렇듯 구름은 그 어떤 형체를 고집하지 않는다. 구름의 형상을 보면 마치 춤을 추는 것같이 가볍고 부드러운 느낌이 들면서 환상적이다. 자연 비경에 감탄한다. 고단한 삶에 생명수가 펑펑, 솟아나는 것 같다. 대자연의 오묘함은 신비로움! 그 자체다.

가을을 살포시 타는지, 노을이 붉게 타는 하늘을 바라보면, 시꺼멓게 속앓이하는 마음을 뱉고 싶다. 더러 미운 사람의 모습을 가슴에 담아 두고 마음껏 두들겨 패주고 싶을 때가 있다. 오늘은 이상하게 미운 사람을 가슴에서 끄집어내어 하늘 한가운데 다 두고 마음껏 패주고 싶어 안달이 난다. 때리고 또 때리고 마음껏 패주고 싶다. 가슴 한쪽에서는 그냥 예쁘게 봐주라 한다. 아마 노을빛 풍경을 바라보다 그 아름다움에 도취해 내 마음속 미움 틀에 박힌 못된 생각이 저절로 녹아 버린 탓이리라.

"사람이 태어나서 세금과 경쟁 그리고 죽음을 피할 수는 없다고 한다." 그렇다면, 우리가 살아 있으면서 죽을 때까지 마음껏 누리는 자연은, 돈이 안 들고도 얼마든지 자유롭게 누릴 수 있는 게 아닐까? 언제나 가까운 곳에서, 자연이 주는 참모습을 우리는 쉽게 발견할 수 있다. 자연이 우리에게 베풀어 주는 무한한 덕은, 온 사방에 찾지 않아도 가득하다. 사계의 자연 변화 속에도, 우리 삶에 보이지 않는 축복이 가득 깃들어 있다.

인연의 소중함

석양을 바라보며 삶의 끝이 어딘가를 생각하다가, 암으로 살이 다 빠져 쪼글쪼글, 이티 닮은 형상으로 죽어가던 친구가 생각났다. 삶에 애착이 많아 무엇이든지 열심히 배우기를 원했다. 암 발병 이후, 갖가지 치료 방법을 다 동원해 하루하루 연명했는데, 죽음의 그림자는 시시때때 목을 조르며 다가왔다. 갈수록 혓바닥이 숯검정처럼 변해갔다. 암이란 도둑은 예뻤던 친구의 모습을 처참하게 훔쳐 갔다. 만능 탤런트라는 별명을 가진 친구. 오늘 밤 유달리 밝은 달을 바라보니, 친구가 월궁항아가 되어 내 곁에 머물러 있는 것 같다.

친구 생각을 하다 우울한 마음에 인터넷 카페에 들어가니 수필가 피천득 님이 2007년 5월 25일 밤늦은 시간에 돌아가셨다는 소식을 접했다. 고인의 극락왕생을 기원하며, 생전에 남기신 명작 '인연'이 생각나 검색했다. 인연이란 글 중에 "그리워하는데도 한 번 만나고는 못 만나게 되기도 하고, 일생을 못 잊으면서도 아니 만나고 살기도 한다."란 글이 뇌리에 박혔다.

그리워하면서 만날 수 있다는 희망을 품고, 기다렸다 만날 수만 있다면 얼마나 좋을까. 내게는 소중한 인연을 맺은 사람이 셋인데, 셋 다 젊은 나이에 암으로 요절했다. 고인이 된 세 사람은 다들 천사같이 살다 간 사람이다. 착한 사람들을 하늘나라에 데려다 무슨 일을 시켰을까? 이 세상 사람들을 심판하는 심판관으로 삼았을까? 그래서 나를 심판하며 그들을 그리워하며 살게 하고 있을까? 보고 싶다. 만나고 싶다.

죽음! 불변의 진리에 대항하여 영원한 불사조를 탄생시킨 사람이 이 지구상에는 없다. 불교에서의 윤회설이 맞는 것일까? 사람이 죽으면 영혼이 하늘나라로 간다고 어릴 적부터 들었던 말이다. 유별나게 어릴 때부터 사람이 만들어지는 과정을 궁금하게 생각했다. 자연의 섭리에 의해 이 지구상의 모든 동, 식물들이 태어나고, 성장하는 그 과정을 바보스러울 정도로 궁금하게 생각했다. 지금은 복제 동물을 탄생시킬 만큼 과학이 발달했다지만, 참으로 생명의 위대함이 무엇인지, 무한대의 궁금증을 유발한다. 사람이 죽으면 어느 곳에서 만날까? 영원한 화두가 된다. 내 삶 속에 인연의 소중함을 절실하게 느낀다. 부부의 인연, 자식의 인연, 친척의 인연, 모든 인연에 감사드린다.

재활용을 생활화하자

무심코 버리는 포장지를 재활용으로 생활에 적용시킬 수 있는 방법을 소개한다.

가정에서 제일 많이 마시는 팩에 든 우유다. 다 마시고 난 우유 포장지를 물에 잘 씻어 말린 후, 김치나 파를 써는 도마 대용으로 사용할 수 있다. 내 경우 냉동고나 냉장고에서도 유용하게 사용하고 있다. 국거리용 소고기를 사 와 비닐 팩에 넣고는 얄팍하게 방망이로 밀어, 잘 말려 펼친 우유팩을 밑에 받치고 냉동고에 얼려 두면, 다음에 사용할 때 쓸 분량만큼만 잘라 사용하기 편하다. 마늘을 찧어서 보관할 때도 역시 같은 방법으로 사용하고 있다. 시래기 등 나물 종류도 데쳐서 보관할 때 하얀 팩에 나물 이름을 적고, 유용하게 잘 사용한다.

이런 방법으로 사용을 하면 부피도 덜 차지하고 차곡차곡 위로 포갤 수 있기에 훨씬 많은 양의 내용물을 저장할 수가 있고, 또 한 장씩 들춰 무슨 물건인지 금방 알 수도 있다. 실제로 실생활에서 제일 편하게 사용할 수 있는 방법이기에 가장 먼저 소개를 해 둔다. 이미 많은 방법이 잡지 등 각종 정보에 소개되어 있지만 이 방법은 잘 모르는 사람들이 많기에 내가 사용하는 방법을 소개하기로 했다.

다음은 두부 팩, 두부를 사서 사용하고 나면 그냥 버리기 아깝다. 두부 팩은 네모져 있기에 여러 가지로 다양하게 사용할 수 있다. 식기를 닦는 수세미를 잘 말려서 보관도 가능하고 또 주방 서랍을 정리할 때도 병따개 등 자질구레한 것을 보관하기에 딱 안성맞춤이다. 이 두부 팩은 단단해서 쇠붙이 같은 것도 따로 분리해서 보관할 수가 있다. 굳이 두부 팩이 아니라도 요즘은 과자가 들어 있는 상자도 다목적으로 사용하기 편하다. 애들은 "돈을 주면 얼마든지 예쁜 것을 살 수 있는데" 하면서 엄마를 구두쇠 엄마로 보지만 어릴 때부터 재활용을 가르치는 것이 근검절약을 하는 방법이기에 현명한 가정교육이라 생각한다.

예로 두부 팩은 우리 애들 초등학교 다닐 때 방학 과제물로 예쁜 사진 액자를 만들어 보낸 적이 있다. 예쁜 색종이에 접착제를 발라 원하는 색을 입혀 발라주면 된다. 두부 팩은 플라스틱류이니 그냥 풀칠은 잘되지 않는다. 예쁜 사진을 두부 팩의 규격에 맞게 잘라 네모진 곳에다 붙이고, 네 귀퉁이에는 평소 선물이 들어온 포장지의 예쁜 리본을 버리지 말고 모아 두었다가, 예쁘게 장식해두면 액자를 구입하지 않고도 나만의 독특한 액자를 만들어 사용할 수 있다. 실제로 그렇게 만든 액자가 몇 년이 흘러도 지금 우리 애들 방 안에 있는 것도 있다. 자신이 만든 것이기에 애착이 가는지 버리지 않고 침대 머리맡에 두면서 잘 사용하고 있다. 아이디어 상도 받았다.

그 외, 나는 이상하리만큼 재활용에 관심이 많다. 그 재활용에 관심이 많으니 자칫 이웃들에게 짠순이란 별명을 얻을 수 있겠지만, 그게 내 삶의 방식이다 보니 어쩔 수 없이 한쪽 귀로 듣고 흘려 버리고 만다. 어쩜 이런 습관이 어릴 적부터 어머니에게 물려받은 생활 방식인지도 모르겠다.

여러 가지 재활용을 실천하는 요즘, 밥이 갑자기 떨어졌을 때 대용으로 먹을 수 있는 햇반을 가끔 사 두는데, 그게 또 재활용에 금상첨화의 재료가 된다. 밥을 다 먹은 후, 씻고 나면 둥글고 하얀 용기가 깨끗하다. 물오징어를 잘게 썰어 넣어 두고 조개 등, 물기가 있는 것을 보관하기 딱 안성맞춤인 그릇이다. 그 위에 비닐 랩을 씌워 차곡차곡 포개두면 보기도 좋고 유성펜으로 그릇 표면에 내용물을 적어두면 찾기도 좋다. 또 화장실에 비눗갑으로 추천을 하고 싶다. 물에 잘 씻기고 비누도 잘 묻지 않아 아주 좋고, 머리핀도 보관하기 좋아 잘 사용하고 있다. 흰색이라 화장실이 깨끗하게 보이기에 나는 정말 사용하기를 잘했다고 생각한다. 이렇게 편리하게 사용하다 보니 돈을 주고 산 것은 한쪽 구석으로 밀려나 있다.

재활용을 하다 보면 환경보호 차원에도 일익을 담당한다. 그 외 여러 가지 실생활에 활용할 재활용품들이 너무 많다고 생각한다. 무심코 버리는 자원이 국가에 낭비가 되고 또 가정에도 낭비가 되기에 가능하면 돈을 주고 사지 않고 재활용을 할 수 있는 일에 동참하는 생활방식도 좋으리라 추천한다.

무엇보다 실천하는 생활을 몸소 익혀야 한다고 주장한다.

마음의 빚

살아가면서 보이지 않게 빚을 지는 일들이 가끔 생긴다. 옷깃을 스쳐도 인연이라지만, 잘 모르던 사람의 선물은 선뜻 받지를 못한다. 그냥 선의로 준다고 해도 받지 못하는 내 성격에도 문제가 있지만, 내 노력 없이 받은 선물은 마치 빚을 진 것 같다. 미처 시간이 지나 못 갚았을 때는 마음이 영 개운치가 않다. 그래서 대가 없는 선물은 반드시 사양한다. 옛말에 "콩 한 톨도 나누어 먹을 수 있을 때 행복하다"란 말이 있고, "내가 가진 것이 없을 때는 집에서 기르던 강아지도 주인을 몰라라" 하는 말도 있다. 그러기에 나를 필요로 하고 무엇인가 도움을 요청해올 때 선뜻 응해줄 때가 많았다. 가끔 상처도 받았지만, 살아가는 한 과정이라 여기니 사람과의 유대 관계가 더 깊어졌다.

내가 아는 어르신 중에 한 분은 "적은 빚은 오히려 살아가는 데 힘껏 노력할 수 있는 힘이 되기에, 적은 빚은 남겨 둔다"라는 말을 듣고 왜 그래야 할까? 의문이 생겼었다. 가만히 생각해 보니, 열심히 일해서 꼭 갚으란 깊은 뜻이 숨었으리라. 어쩜 빚 갚음의 의무감에 악착같은 삶의 동아줄이 되겠다.

어느 날 택배로 농산물을 받았든 잘 모르는 사람에게, 마음의 빚을 갚는 일이 생겼다. 농사를 지으면서 느낀 글을 공모전에 낼 일이 있다면서 교정을 부탁했다. 아마 문인들 초대 행사장에서 노래 부르던 나를 봤던 것 같다. 교정은 정신적 고통이 수반되는 일이기에 마음이 무거웠다. 어쨌거나 마음의 빚을 갚았다. 빚을 갚았는데 왜 마음이 무겁게 느껴질까? 의심은 금물이다. 나중에 공모전에 최우수상을 받았다는 연락을 받고 어정쩡하게 남았던 마음이 풀렸다.

유머

딸 친구가 친구들과의 모임에서 머리가 자꾸 빠지고 거칠어 속상해하니, 한 친구가 자기도 다른 사람에게 들었다면서, 달걀노른자 세 개에다 우유와 밀가루를 섞어 머리에 두피 마사지를 하면 머릿결도 좋아지고 머리가 덜 빠진다고. 집에 돌아와 그 친구는 당장 실천에 옮겼다. 친구는 달걀을 많이 넣으면 더 좋은 줄 알고 다섯 개를 풀어 우유를 넣고 밀가루도 섞어 머리에 발랐다. 한참을 식구들과 이야기를 하고 티브이, 만화책을 보면서 시간이 가기를 기다려 욕실로 향했다. 조금 있으니 비명이 들렸단다. 거실에 있는 식구들이 무슨 일인가 싶어 욕실 문을 열어보니, 그 친구 머리는 온통 달걀로 떡칠이었단다. 뜨거운 물로 머리를 감아 머리에 바른 달걀이 그만 익어 버렸다. 익은 달걀은 손으로 일일이 뜯어야 했기에, 머리칼은 더 빠지고 그만 머리는 벼락 맞은 꼴이 되었다. 식구들은 어이가 없어 웃음으로 배꼽 잡았단다. 그런 일이 있은 후 그 여자애의 별명이 찐가리(찐+머리)

가 되었다.

상상을 하니 연이어 웃음이 터졌다. 여자들은 미에 관심이 많다. 서양에는 동물의 뇌에서 뽑아낸 엔도르핀 주사 한 대에 천만 원을 주어야 맞을 수 있단다. 웃으면 뇌에서 엔도르핀이 샘처럼 솟아 나와 한번 웃을 때마다 천만 원을 벌 수 있으니 웃음이 얼마나 좋은가는 증명이 된 셈이다. 한 번 웃을 때 안면 근육이 17개, 찡그릴 때 43개. 찡그릴 때는 마음의 주름살이 팍팍 생긴다고, 웃을 때는 마음의 주름살도 쫙쫙 펴진다고, 많이 웃는 것도 돈을 버는 일이다. 또 15초간 크게 웃으면 100미터 달리기를 한 것과 비슷하고. 웃을 때 나오는 엔도르핀이 통증을 줄이며 심장병, 뇌 색전증 예방에도 효과가 있단다.

만병의 근원이 스트레스다. 주변에 유별나게 큰소리로 웃는 사람들이 있다. 무슨 웃음을 저렇게 방정맞게 웃나? 하고 쳐다볼 게 아니라, 이제는 따라 웃어야겠다. 실컷 웃고 나면 속이 시원하다는 사람이 있다. 서양에서는 웃음으로 병을 치유하기도 한다. "웃으면 복이 와요"를 애칭처럼 사용해야겠다. 유달리 화를 잘 내는 사람도 있다. "화가 날 때마다 산에 가서 제일 큰 나무에다 마구 소리를 지르고 욕을 하면서 스트레스를 풀었다." 몇 달 후, 그 나무가 죽어 있더란다. 이렇게 식물도 화를 내면 죽는데, 사람이야 오죽하겠는가? 각종 병을 유발하는 화가 증명이 되었다. 각종 암과 성인병도 스트레스가 원인이다.

대부분의 사람들은 하루에 5만 가지 생각을 하는데, 그중 85%가 부정적인 생각이며, 겨우 15%가 긍정적인 생각이란다. 날마다 웃음으로 이어가는 생활은 힘든 일이다. 유머도 노력이다. 매사에 긍정적으로 살면서 웃음으로 일관하는 삶을 산다면 건강하고 행복한 삶이겠다. 하품을 하면 옆 사람 전체가 따라 하듯이 한 사람이 웃으면 전체가 다 웃는 그런 전염병이 있다면 좋겠다. 모두가 건강하길 빈다.

무관심

윌리엄 서머셋 모음의 레드(빨강 머리)란 단편소설은 읽은 지가 몇십 년이 지나도 기억에 깊이 남아있다.

그 소설 속 한 구절이다.

"사랑의 비극은 죽음이나 이별이 아닙니다. 그것은 무관심입니다."

단편소설 레드의 줄거리를 대충 요약해 보면, 레드라는 빨간 머리를 가진 수병이 군함에서 탈영하여 원주민 처녀와 사랑을 나누었다. 그러나 황금 같은 시간 속에 둘만의 진정한 사랑의 시간은 너무도 빨리 흘러갔다. 그렇게 둘만의 사랑의 시간이 아름다웠던 어느 날 레드는 그 섬에 닻을 내린 배에 함께 승선해 담배를 구하러 갔다가 일꾼이 필요한 배의 선원으로 납치되어 다시는 돌아오지 않았다.

그렇게 고통의 세월이 빨리 흘러 또 다른 한 사내가 그 처녀 셀리를 사랑하게 되었지만, 그 처녀는 그와 결혼을 하면서도 레드를 기다리며, 그 사내의 마음을 받아들이지 않았다. 세월이 흘러 레드를 사랑한 처녀와 결혼한 이 사내는 이 섬을 찾은 어떤 배의 선장을 자신의 집으로 초대한다. 나이 든 선장은 옛날의 그 화려한 모습의 레드가 아니라 아주 중늙은이 같은 그런 사내였다. 그 선장에게 이 사내는 레드와 자신, 지금의 아내가 된 그 처녀 이야기를 말하게 되었다.

그 사내가 자신이 알고 있는 아내의 옛이야기를 끝마쳤을 때, 눈앞에 마주 보고 앉아있는 선장이, 그 옛날 자신의 아내가 그렇게 열렬하게 사랑했던 붉은 머리의 사내 레드라는 것을 알아차리게 된다. 그 처녀와 결혼한 남자는 그런 모습의 사내 때문에 자신이 이십오 년 동안 냉대를 당하면서 살아온 세월에 경멸을 느낀다. 그러나 너무 늙어버린 이 여자는 그녀가 그토록 사랑했던 사람의 얼굴을 전혀 알아보지 못했다. 그 선장도 아무런 말 없이 다음의 기착지로 떠나간다.

이 소설 속처럼 지난날에는 하루만 만나지 않아도 견딜 수 없을 만큼 사랑했던 사람을, 다시 만나도 몰라보았다면, 무서운 비극이다. 사랑의 유효기간이 길어야 이년 육 개월이라 했던가? '무관심이 죽음보다 겁난다'란 말을 실감하게 하는 소설이 문득 기억났다.

진실한 사랑으로 남남끼리 만나 부부의 연을 맺고, 그 좋았던 감정은 잠시, 가족이란 틀에 짜여 부부의 사랑보다는 가족의 사랑에 더 메이게 된다. 가정이란 울타리에 관심을 두고 관심이 지나쳐도 사랑싸움이 되는 게 인생사인 것 같다. 그렇다고 무조건적인 관심보다는 사랑이 포함된 무관심인 척이 오히려 더 편안한 행복이라면, 애써 무관심을 가장하고 살아가는 것도 가정의 평화를 위한 일부분이라 생각한다. 무관심이 죽음보다 겁난다는 말을 다시 한 번 생각해 보는 날이다. 과연 사랑에는 영원이란 말이 존재하는 것일까?

책 이름은 잊었지만, 메모 속의 마음에 와닿는 한 구절을 옮겨 본다. "정열이란 언제나 그 속에 비애의 그림자가 깔리고 비통과 고뇌의 기미가 내포되는 법이니까"

비상

리처드 바크의 소설 '조나단 리빙스턴 시갈'을 영화화한 걸작이었다.

비상하는 모든 것들에게 날개가 있다고 한다. 그러나 날개 없이도 날 수 있는 것이 글이고, 그 생각을 이미지로 나타낼 수 있는 것이 또한 글을 쓰는 일이라 생각한다.

글을 쓰는 일은 추상화도 그렸다가, 풍경화도 그렸다가, 정물화도 그린다. 셀 수도 없이 많은 공작을 하고, 찢었다 붙였다가 반복되는 일상이 되어도, 날개를 달아 비상하려는 마음은, 높이 나는 갈매기에 비유하게 된다.

가장 멀리 날 수 있는 갈매기가 되려면, 중도에 포기하는 일이 생기더라도 결코 포기하지 않아야 한다. 늘 배우기를 멈추지 않아야 한다, 그러기에 먹이를 찾아 끝없이 나는 갈매기처럼, 창작 글감을 향한 노력은 게을리할 수가 없다.

행복한 삶도 사실 먹고사는 것 외에, 인간적이고, 문화적인 삶을 추구하고자 끝없는 새로움을 갈망하며 사는 것이리라. 부단히 정진하며 노력하는 삶이, 어쩜 더 아름다운 삶이 될 것이다. 새해에는 더 높은 곳을 향하는 꿈을 가져 보고 싶다.

만약 윤택하고 행복한 삶이 주어진다면, 그 어떤 고난이 닥쳐와도 반드시 헤쳐 나갈 것이다. 정해년을 맞아 새로운 각오로, 새 소망 담은 설계도에 꾹 도장을 찍는다. 꿈은 꾸는 자에게 성취감을 주리라. 비상을 꿈꾸는 자는 반드시 꼭 이루어지리라.

웃음과 행복

웃음은 행복할 때 웃는 게 아니라 웃음으로 행복이 찾아온다. 찡그린 사람에게는 복이 오다가도 도망을 간다는 말과, 웃는 얼굴에 침 못 뱉는다는 말이 있다. 늘 찌푸린 얼굴보다 웃는 얼굴에 복이 들어온다는 말은 누구나 다 아는 말이다. 그러나 이 말은 평범한 말 같지만, 사실은 실천이 잘 안된다. 사람에게는 감정이 있기 때문이다. 나부터 억지로 웃는 얼굴이 잘 안되고 말만 앞세우지 웃는 습관이 많이 부족하다.

웃음 효과의 예를 들자면, 웃음으로 면역력을 높이기도 하고, 아토피 피부를 치료하기도 한다. 한번 크게 웃으면 윗몸일으키기 25회와 같고 10초 동안 웃으면 노 젓기 3분 동안 하는 효과를 보고, 15초 박장대소는 100미터 전력 질주의 운동 효과를 볼 수 있다고 한다.

사람들은 무슨 일을 하다가 잘 안될 때 "억지 춘향"이란 말을 자주 사용한다. 일이 순조롭게 이루어진 것이 아니고, 억지로 이뤄지면 기분이 좋지 않은 것처럼, 웃음도 억지로 웃어지는 게 아니다. 그런데도 우리는 본의 아니게 억지로 웃음을 지어가며 상대를 편하게 하려고 가식적인 행동을 하면서 살아간다. 그러나 그 웃음이 사회를 밝게 하고 나아가 자신에게 유익한 행동이라면 그렇게 웃음으로 일관하는 자세도 좋다고 생각한다.

행복과 불행은 자신이 만들어 간다. 마음속에 부정적인 면이 가득하면 삶도 그렇게 부정적으로 흘러간다는 말, 틀린 말이 아니다. 생활하면서 텔레파시를 받는다는 말을 자주 사용한다. 영이 맑은 사람들끼리는 보이지 않는 영적 주파수가 맞아 그 느낌이 서로 통한다고 한다. 내게는 살아가면서 가끔 느끼는 일이다. 우리네 삶이 고단할수록 행복을 바라고 그 행복은 아주 멀리 있는 것 같지만, 행복이란 찾아보면 아주 가까이, 내 곁에 있는데도 아둔한 우리는 미처 깨닫지 못할 때가 많다. 행복이란, 돈이 드는 것도 아니고 아주 사소한 것 하나에도 '행복하다'란 생각을 하면 그게 곧 행복이다.

사실 이 세상에 존재라는 것만으로도 행복함을 느껴야 하는데, 갈수록 삶에 찌들어 그 행복함을 모르고 살아간다. 불행함을 만드는 것도 자신이다. 사랑에 자격증이 필요 없듯이, 행복에도 자격증이 있는 게 아니다. 행복 자격증은 내가 만들어 자격을 부여해야 할 것이다. 행복이 곧 웃음으로 연관이 되는 삶, 그렇게 웃음으로 복이 오는 삶, 그 삶이 곧 "행복이다"라고 생각한다. 우리 모두 늘 긍정적인 사고로 일관하는 삶을 살며, 웃음이 넘쳐나는 삶이 되도록 기도하는 일상을 영위해야 할 것이다.

시인의 길

새 중에서 가장 작은 벌새는 1초에 90번이나 제 몸을 쳐서 공중에 부동자세로 선다고 한다. 또 바다는 하루에 70만 번씩이나 파도를 쳐서 새로워진다고 한다. 벌새를 노래한 천양희 시인의 '벌새 사는 법'이란 글 속에 있는 말이다. 이 글을 보면서 문득 깨달음 하나! 文의 홀로서기다. 이 홀로서기도 탐구하고자 하는 마음이 없음 잘 이루어지지 않고, 새로운 글귀를 창조하는 데 많은 노력을 해야 한다고 생각한다.

나는 과연 내 몸을 얼마나 많이 쳐서 글을 쓰고 있을까? 글을 쓴다는 것은 무에서 유를 창조하는 것이다. 수학 공식같이 정해진 것도 아니다. 미리 정답이 나와 있는 문제를 풀어나가는 것도 아니다. 많은 시행착오를 거쳐 한 편의 글이 완성된다. 벌새처럼 또 바다처럼 그렇게 부단하게 내 생각을 바르게 하려는 자아를 쳐야 한다. 나의 노력도 쳐야 한다. 그렇게 시인의 길에서 이름 한자 남는 그 순간까지 열심히 내

몸과 생각의 능력을 쳐서 부끄럽지 않은 시인이 되어야 할 것이다.

믿음과 신뢰

믿음은 살아가는 데 있어 필수 조건이라 생각한다. 믿음이 없는 세상은 어떤 세상일까? 의심도 병이라고, 한번 의심을 하면 그 의심은 점점 자라 더욱더 큰 의심으로 이어진다. 그러나 선진국에서는 "긍정적인 의심은 미덕이다"이란 말이 있다.

과학자들은 수많은 의심을 하면서 그 의심에 힘입어 새로운 발명도 하고 발견을 한단다. 평소에 타인에게 믿음을 주는 생활에는 믿음을 심어주는 계기가 있어야 하는데, 곧 실천이라 생각한다. "말 한마디에 천 냥 빚을 갚는다"란 말도 있지만, 말에 대한 책임을 지고, 실천으로 옮길 때 곧 믿음과 신뢰가 생긴다.

사람들은 말로써 대충, 임기응변식으로 넘어가는 경우가 많다. 그때그때 대충 한두 번 속아 넘어가 주는 척하지만, 대부분 그다음에는 그 사람의 말에 일단 의심부터 들고 이제는 안 속는다는 믿지 않는 모양새가 된다.

또 어떤 사람은 자신이 한 말조차도 기억을 못 한다. 대충 말로써 다 때운다. 말에 대한 책임을 지려고 하지 않고, 당시에 처한 입장이 곤란하면 얼버무리고 넘어가니, 상대에게 전혀 믿음을 주지 못한다. 말이 행동보다 앞설 때, 인격에는 치명적인 손상을 입는다.

나 자신 항상 말에 대한 책임을 지려고 노력하는데, 그렇게 하다 보면 때때로 오해를 사기도 한다. 예를 들어 내가 "나중에 식사를 대접하겠다" 하고 말을 했으면 그것을 꼭 실천에 옮기려고 한다. 그럼으로써 내가 뱉은 말에 대한 책임은 곧 나와의 약속이 되겠지만, 상대에게 실천함으로써 믿음과 신뢰를 갖게 하는 밑바탕이 되리라 여긴다.

영도다리

부산시 영도구에 있는 영도다리가 2006년 11월 22일 문화재로 지정되었다. 1934년 11월 23일 영도다리가 개통된 지 꼭 72년 만에 2009년 말 6차로의 도개교로 다시 태어난다고 한다.

영도 대교는 부산 최초의 연륙교다.

연륙교란 육지와 섬을 연결해 주는 다리로 영도 대교는 개통 이후 물 쪽 다리 일부인 도개부가 하루 7차례씩 들어 올려져 이 모습을 보기 위해 전국에서 많은 사람이 몰려들었다. 하지만 영도의 인구증가 및 교통난 등으로 인하여 1966년 이후 도개식 영도 대교는 그 들림 기능을 멈추게 되었고, 조선 업체의 물동량 증가 등으로 인한 교통난을 없애고자 1980년도에 부산대교가 완공됨으로써 영도대교의 명성은 잊혀가고 있었다.

도개교(跳開橋)란 다리가 위로 들리면서 열리게 된 가동교, 즉 배가 지나갈 수 있도록 상판 일부를 들어 올리는 것을 말한다. 영도다리는 일제 강점기의 수탈을 생생히 증언하는 역사의 다리이자, 동족상잔이 낳은 실향과 이산의 비극을 씻어낸 눈물의 다리기도 하다. 근대화 과정에서 겪었던 실연의 아픔을 함께 나누던 한의 다리이며 한마디로 민족의 다리라고 할 수 있다.

영도다리는 북한이나 서울에서 내려온 피난민들이 가족들과 헤어지면서 그저 막연하게 '영도다리'에서 만나자는 약속의 장소로도 유명했다. 정확하게 언제 만나자는 약속도 없이, 그저 부산의 영도다리에 가면 이곳에서 혹시나 이산가족들을 만날까 싶어, 온종일 왔다 갔다를 반복하며 그곳에서 가까운 용두산공원 사십 계단 위에서 이산의 슬픔을 달래며 마음의 안식처로 삼았다.

6.25 동란 당시 부산이 임시수도가 되었던 시절에는 전국에서 모여든 피난민들의 애절한 사연이 얽히는 무대가 되었다. 이때 부산 출신 가수 현인 선생의 '굳세어라 금순아'라는 대중가요가 전 국민의 심금을 울렸다고 한다.

그 예로 현인의 굳세어라 금순아 노래 가사 중에 '영도다리 난간 위에 초생달만 외로이 떴네'란 가사가 있다. 6.25전쟁 중에 흥남부두에서 가족들과 헤어져 피난 온 영도, 부산의 영도에 안착을 하고 가족들과의 이산의 아픔을 나타낸

노래이기에 우리에게 익히 알려진 노래이다.

어릴 적 부모님의 말씀을 잘 듣지 않은 애들을 보고 "넌 영도다리 밑에서 주워 온 아이"란 말을 어른들이 자주 말씀하셨다. 그 말을 들은 애들은 눈물을 흘리며 정말 자기 부모가 영도다리 밑에 있는 줄 알고 찾으러 간다며 집을 나간 아이들이 많았다고 한다. 그 말이 얼마나 무서웠으면 애들은 그 말만 들으면 울다가도 뚝 눈물을 그쳤다. 영도다리 밑에는 그 시절 피난 온 사람들이 많았고, 제대로 된 집이 없어 다리 밑에서 기거했다. 그 당시에는 못 먹는 사람들이 많았기에, 떼거지들이 깡통을 들고 집집이 밥을 얻으러 다녀 애들이 그 모습을 직접 보았기에, 영도다리에서 주워 온 아이란 말을 들으면 무서워서 부모님의 말씀을 잘 들었다.

내 기억에도 친구들이 자기 부모님에게 야단맞을 때 많이 들었던 말이다. 난 열심히 사시는 부모님 덕분으로 밥을 굶지 않았다. 그래서인지 야단맞은 친구들은 우리 집에 와서 어머니가 해주시던 밥을 맛있게 먹고 집으로 돌아갔다. 그 당시 이웃해서 사는 모습을 되새겨보면, 그 영도다리 밑에는 얼마나 많은 애환이 서려 있는지 족히 상상이 된다.

간혹 뉴스거리가 되는 영도 다리, 사업에 실패하든지, 사랑에 실연을 하면 꼭 영도다리 위에서 바다로 투신자살했다는 말이 나돌았다. 젊은이들은 학업성적 비관이나, 사랑에 실패하면 영도다리 위에서 자살을 시도하다가 경찰에게 붙잡혀오는 장면이 종종 텔레비전에 보도되기도 했다. 영도다리는 부산의 남포동과 국제시장, 용두산공원, 자갈치시장에서 가장 가까운 곳에 있다.

영도다리는 바다가 생각나면 남포동에서 영화를 보고 친구들과 영도다리를 찾았기에 젊은 날의 추억 장소다. 그런 영도다리가 새로운 명물로 탄생이 되어 수많은 민족의 애환이 서려 있는 추억의 장을 다시 되살린다니 실로 반가운 소식이다.

현재 부산이나 전국에 흩어져 있는 사람 중에 그 영도다리에서 추억거리가 없는 사람이 별로 없을 것이다. 많은 세월이 흘러도 추억의 장소로 다시 되새겨지는 곳이다. 지금도 부산의 위치를 모르는 사람들의 약속 장소가 되는 곳이 영도다리이다.

이제 2009년도에 새로 태어날 명물 '영도다리' 그 명물이 탄생하는 날을 손꼽아 기다린다.

입동 날에
자연보호를 생각하며

단풍 진 낙엽길을 제대로 걷지도 못했는데 벌써 입동이다. 바람이 강하게 불고 기온이 급강하해 강원도 산간에는 첫눈이 내렸다. 세월의 빠름을 실감한다. 이곳 부산에도 강한 바람이 승학산을 휘돌았던 입동 날이다.

지인들 모임에서 지리산 콘도에 여장을 풀었다. 비가 내리지 않아 가물어서 그런지 산자락의 각종 나무들이 제대로 된 단풍 색깔을 띠는 게 없이, 마구 낙엽 되어 뒹굴었다. 버려진 쓰레기 더미가 지리산 정령치 자락에도 있었다. 인적이 드문 깊은 산골짜기에도 눈에 띄게 자연의 훼손이 심했다. 자연보호와 환경보전을 주장하게 한다.

차를 타고 단풍 진 길을 달렸다. 산자락의 소나무들이 소나무 재선충으로 곳곳에 말라 죽었다. 소나무 재선충은 솔수염하늘소를 매개체로 삼아 소나무에 기생하는 선충으로

1905년 일본에서 최초로 발견되었다. 1972년에 이르러서야 선충으로 인한 피해로 확인되었으며, 크기 1mm 내외의 실 모양으로 나무 조직 내에 수분, 양분의 통로를 막아서 소나무를 말라 죽게 하는 선충이다.

부산시 금정구에 있는 금정 동물원에 일본원숭이를 들여오는 과정에 소나무 재선충에 감염된 소나무로 만들어진 원숭이 우리에 의해서, 소나무 재선충이 우리나라에 처음 들어오게 되었다고 한다. 재선충에 감염된 소나무는 100% 말라 죽게 되는데 사람들이 에이즈에 걸려 100% 사망하는 것에 비유하여 소나무 재선충을 소나무 에이즈라고 한다.

과연 신이 주신 재앙은 어디까지인지 실로 무섭고 두렵다.

지구 온난화로 곳곳에 이상 징후도 감지된다. 감기도 변종이 생겼고, 먹는 음식조차도 마음 편하게 먹지를 못한다. 곧 마시는 물도 수입할지도 모른다. 그 옛날 우리나라는 물 맑기로 소문이 났다. 어쩌다 오늘날 이 지경에까지 이르렀는지, 실로 통탄할 만한 일이다.

이런 이상 징후를 볼 때 자연이 주는 재난과의 전쟁은 머지않아 우리 후손들에게 무슨 원망을 들을지 선하다. 국민학교 (초등학교) 때부터 누누이 들어온 "환경보호에 앞장서자!"란 말은 몇십 년의 세월이 흐르고 보니, 직접 체험과 간접 체험으로도 느껴진다.

"자연보호와 환경을 되살리자"라는 환경운동에 적극적으로 앞장서야 함을 느낀다. 우리 눈에 보이는 환경보호 차원은 아직도 부족함이 많다. 선진국에서 들여오는 갖가지 정보와 환경문제 해결에 관한 기술적, 과학적 대응과 처방을 알아 나날이 오염되어 가는 자연 훼손을 막아 자손만대에 길이 물려줄 아름다운 금수강산이 되었으면 한다.

가을을 보내며

올핸 환갑이다. 가을을 보내며 많은 아쉬움에 가는 세월을 붙잡고 싶다. 무더운 여름을 지루하게 보냈다. 소슬한 가을바람을 맞이한 지가 엊그제 같은데, 어느덧 찬 기운을 성큼 체감하니 새삼스레 '세월이 쏜 화살 같다'라는 말을 실감한다. 산등성이마다 제대로 된 낙엽색이 띠지 않았다.

몇 달 전부터 유난히 뻐근하고 나른했던 내 몸에 충만한 삶의 활력소를 불어 넣고 싶다. 강대나무*에는 담쟁이만 줄기차게 제 목숨을 부지하느라 힘차게 세월을 낚아챈다.

사계절 늘 푸름을 자랑하던 소나무들, 재선충에 몸살을 앓더니 마치 사람의 몸속에 암세포가 번져가듯 죽음을 눈앞에 두고 있다. 휘몰아치는 갑작바람에 나무들은 한잎 두잎, 앙상한 가지를 드러내고, 십일월 마지막 날에는 흰 눈이 내렸다. 초겨울을 성큼 맞이하니 내 머리에 새치 늘어가는 숫자

만큼 마음이 참담해진다.

가는 세월을 붙잡을 수 없으니 그저 자연의 변화에 순응하며 살다 보면, 먼 훗날 자연의 품속에서 마지막 안식을 고하겠지. 하도 세상이 어수선하니 인심만 고약해지고, 민심은 천심이라 하늘에 비노니 착한 이에게 건강과 행복을 주시고, 악한 이에게 참회와 반성을 하게 하소서.

* 강대나무: 선 채로 껍질이 벗겨져 말라 죽은 나무.

서병길 소방관의 살신성인

"아무리 강력한 화염 속에서도 한 생명을 구할 수 있는 힘을 저에게 주소서!

너무 늦기 전에 어린아이를 감싸 안을 수 있게 하시고

공포에 떠는 노인을 구하게 하소서."

이 시는 미국에서 잘 알려진 시 '소방관의 기도'란 시다.

2003년 대구 지하철 화재 사건 이후 인터넷을 통해 알려졌다가 울산의 소방대원 다섯 명이 곡을 붙이고 노래를 불러 네티즌들로부터 크게 호응을 받았던 시다.

2006년 11월 14일 오후 부산 금정구 서2동 주택가에서 가스폭발사고가 발생해 금정소방서 서동파출소 부소장인 서병길 소방장이 혼자서 수색작업을 계속하던 도중 건물 전체가 무너지면서 순직했다.

순직한 소방장은 22년 10개월 동안 소방관으로 근무하면서 1만 9천5백여 회의 화재 현장에 출동하고, 1천50여 명의 생명을 구조할 정도로 책임감과 의협심이 강해 화재현장에 투입할 때마다 자신의 몸을 아끼지 않았다고 한다. 특히 올 연말이면 명예퇴직을 앞두고 있어 안타깝고 슬픈 마음에 고인의 명복을 빌었다.

소방방재청은 서 소방관의 살신성인 정신을 높이 기려 1계급 특진과 옥조근정훈장을 추서할 예정이라고 한다. 소방관은 국민의 생명과 재산을 지켜주는 "안전 지킴이"로 화재 진압뿐만 아니고, 우리 국민의 안전과 생명을 위해서 언제나 열려 있는 도우미 역할을 하기에 응급 시에도 우리는 119 구급차를 이용한다.

나도 갑자기 몸이 아파 119 구급차를 이용한 적이 있다. 119 구급 대원들은 자상하고 친절하며 신속 정확하게 집에서 가까운 병원에 안전하게 데려다주어 응급처치를 받을 수 있기에 정말 믿음이 강한 119였다.

2004년 소방방재청이 설립되면서 순직 소방관에 대한 국가 유공자 예우를 하게 되었고, 유족에 대한 보상도 다소 개선되었다고 한다. 국민의 안전을 무시한 채 자기만 잘 살겠다고 공직자의 신분을 저버린 비리 공직자들이 많은데, 이렇게 몸소 살신성인의 정신을 실천하는 소방장 서병길 님의 극락왕생과 명복을 빌면서 짧게나마 이 기록을 보관하고 싶어 신문 보도 자료를 발췌하여 이 글을 썼다.

가을 단상

가을을 재촉하는 단비가 내려, 온 산야는 비를 흠뻑 머금어 생기가 돈다. 길가에 한들거리며 활짝 피어있는 코스모스, 그 모습에 영롱한 이슬을 머금었다. 함초롬한 여인이 코스모스로 환생하여 마치 누군가 사랑해 주길 기다리며 피어있는 것 같다. 깊어가는 가을에 갈바람을 한 아름 품어 드높은 하늘 한가운데다, 신이 내려주신 아름다운 올가을 운치에 경이로움을 표하고 싶다.

짙어가는 가을 풍경을 바라보는데, 온갖 미묘한 색채로 조화로워지는 자연의 섭리가 경이롭다. 갖가지 생명이 빛을 발한다. 우주의 질서를 조율하는 조련사 같다. 자연은 가진 자와 못 가진 자에게 언제나 공평하고 생존 경쟁의 치열에 앞장서지 않아도 됨을 가르쳐 준다. 그러나 때때로 자연이 주는 재앙에 섬뜩함을 느끼지만, 그 자연을 마음껏 누릴 수 있는 권리가 우리에게 주어졌기에 살아있는 자의 자유를 마음껏 누리고 싶다.

올해는 입춘이 두 번 드는 쌍춘년이다. 윤칠월이 들어 유난히 길게만 느껴지든 긴 여름 탓에 어쩜 가을을 더 기다렸다. "하늘과 땅의 신이 사람을 감시하지 않아 송장을 거꾸로 세워도 탈이 없다며" 나이 많으신 어른들이 계시는 집에는 윤달에 수의를 준비하면 좋다고 불티나게 팔린단다. 이장 개장 등 장묘 업계도 호황을 누린다. 윤달은 "신들이 휴가 가고 잡신들도 쉬는 달이라고 재액이 없어 좋다며" 사찰 세 곳을 참배하면 모든 액이 소멸한다고 전국 명산대찰이 시끌벅적인단다. 자연이 주는 맑은 공기를 마시는 지리산 대원사로 떠나고 싶다.

천고마비의 계절인 가을은 마음을 정화하기에 좋은 계절이라 독서를 많이 하고 자기 성찰을 해보길 권한다. 가을 하면 책을 빼놓고 무엇을 더 생각할까? 혹자는 가을은 여행하기에 좋은 계절이라 책 볼 시간이 없단다.

요즘 커가는 애들을 보면 책은 멀리하고 인터넷 오락에 빠져드는 현상을 자주 접한다. 대학생들조차도 책을 한 달에 한 권도 안 읽는다는 현실에서 쉽게 접할 수 있는 인터넷 만능주의를 탓하고 싶다. 이 가을에 우리 애들에게도 삶에 유익한 단 한 권의 책이라도 읽어라 권할 것이다.

책은 영원한 자산이란 말이 있듯이 건강한 인생관과 건강한 가치관은 자신들이 노력하기에 따라 달라진다고 말하고 싶다. 책은 꼭 필요한 간접경험의 자산이다!

혼동의 날

각종 뉴스거리는 시청자들에게 경악을 금치 못하기에 충분하다. 우리가 어떻게 살아야 최선의 삶인가를 판가름하기 곤란하도록, 열심히 살아가는 사람들에게 불안한 마음을 가지게 한다. 또 열심히 살려고 노력하는 사람들의 마음을 흔들어 놓기에도 충분한 화젯거리가 되기에 술자리에서나 공원에서든, 몇 사람만 모여 앉으면 세상사가 참으로 힘들다고 흔히들 하는 이야기의 주제 거리가 되기도 한다.

그렇게 날마다 조바심을 안고 살아가는 세상살이에 오늘은 공주의 정신 병원에서 불이 나 사망 다섯 명, 부상이 삼십 명, 가히 충격적인 뉴스다.

원인이 방화라고 한다. 정신병이라면 사람들은 미친 사람으로 오인하지만, 현대는 각종 스트레스를 받고 살아가기에 사람들이 어쩜 일종의 정신병에 한가지씩 걸려 있다고 보아도 심한 말은 아닐 것이다.

정신병의 뜻을 인터넷 검색에서 찾아보면 망상, 환각, 판단·통찰력·사고 과정의 결함, 현실에 대한 객관적인 평가능력 부족 등을 일으킬 수 있다고 쓰여있다.

그들이 격리되어 병원에 입원을 하는 원인이야 어찌 되었든 격리되어 살고 있는 사람들이 그냥 불쌍하다는 생각이 우선 앞선다. 그들도 인격이 있고 생각이 있기에 충분히 사람으로서 대접을 받고 싶고 자신들의 권리를 인정받고 싶을 것인데, 아마 자존심에 엄청나게 심한 손상을 입은 사람의 오행일는지도 모르겠다. 더구나 사망한 사람의 가족들 마음은 더욱 아플 것이다. 함께 가족애를 나누지 못한 삶에 죽음조차 편히 눈을 못 감았으니 그 억울한 영혼을 어찌 달랠지 눈물이 났다.

요즘 사람들은 길을 지나치다 발을 밟고 가도 미안하다는 말은커녕 마치 미친 사람 보듯 힐끗 쳐다보며 별꼴이야 하는 식이다. 그와 반대로 외국 사람들은 자신의 잘못이 없는데도 무조건 미안하다며 고개 숙이며 사과한다. "말 한마디에 천 냥 빚을 갚는다"란 옛말이 있듯이 자신이 잘못했으면 당연하게 웃은 얼굴로 미안하단 말 한마디면 될 것을 그냥 뻔뻔하게 지나치는 사람, 그런 사람은 인격이 의심스럽다는 의아심이 생긴다.

타인을 배려하는 마음은 우선 내 가정에서 어릴 적부터 가르쳐야 한다고 생각한다.

"세 살 적 버릇이 여든까지 간다"라는 속담이 있듯이 어릴 적부터 습관이 몸에 배어 자연적으로 남을 배려하는 마음이 우러날 때 타인을 이해하고 용서하는 관용의 마음이 생길 것이다.

내 가정에서부터 부모들이 잘 가르치고 부모가 거울이 되는 삶을 몸소 실천한다면 화평하고 사랑과 행복이 넘쳐나는 가정, 나아가 사회는 맑고 밝은 사회가 될 것을 믿어 의심치 않는다. 또 범죄가 없고 평화로운 나라, 사랑이 넘쳐 나는 나라가 될 것이기에 뉴스를 보다가 나 자신부터 반성하는 계기가 되었다.

을숙도 아리랑

을숙도를 중심으로 하는 낙동강 하구는 갈대와 모래가 많아 새들이 알을 낳고 새끼를 키우기에 적당하여 동양 제1의 철새 도래지를 이뤄, 천연기념물 제179호로 지정되어 있다.

약 50여 종 10여만 마리의 철새들이 쉬어가는 철새 도래지 낙동강 하구에 찬란한 아침 햇살이 떠오르면 잔잔한 물살을 일으키며 삼삼오오 먹이를 찾는 철새들의 평화로운 모습은 험한 세파에 찌든 마음을 깨끗하게 정화하고도 남음이 있다.

을숙도는 혼자 가도 전혀 외롭지 않다. 뻥 뚫린 강변 대로에 마치 경주를 하듯 달리는 자동차들은 하구언 다리를 가로질러 저마다 삶의 전선으로 향하고, 곳곳에 가을을 알리는 코스모스 갈대 억새들이 가을의 정취를 한껏 북돋운다. 각종 철새들과 고추잠자리가 꼬리를 물고 곡예비행을 하는 진풍경을 보면 자연 생태를 마음껏 즐기는 부산 사람들은 축복받았다고 말하고 싶다.

을숙도가 아리랑고개처럼 보이는 것은 태백의 맑은 영혼이 굽이굽이 돌고 돌아 저 넓은 바다와 하나가 되었고, 하구언은 물고기들의 천국으로 힘차게 뛰어오르는 숭어의 날렵하고 유연한 몸짓에서 비롯되었다고 여겨진다. 참새 떼가 우르르 군무를 형성하여 황금 들녘을 배회하며 배를 채우면, 간간이 낮게 떠가는 비행기들이 요란한 굉음을 울리며 참새 떼를 쫓는 듯도 하다. 무리를 지어 생활하는 참새들은 쫓고 쫓기면서도 인간들에게 정면으로 맞서는 것 같다.

광장을 걷다 보면, 바닷바람이 갑자기 불어와 흙먼지가 날리고, 때 이른 낙엽도 마구 뒹군다. 주변 둘레길에는 비틀거리며 돌진하는 크고 작은 자전거를 탄 남녀노소가 한데 어울려 힘차게 페달을 밟으며 행복한 웃음을 짓고 있다. 어린이들이 롤러스케이트를 타면서 쿵 쿵, 여기저기 서투른 조정으로 무릎이 까지고 팔꿈치 살이 벗겨져도 다시 일어나 무엇이 그리 좋은지 싱글벙글, 사람들이 모인 숲길을 헤치면서도 의기양양하다. 눈길을 사로잡아 보고 있는 사람들의 표정도 덩달아 밝아진다.

갈대숲 사이로 붉은 노을이 내려앉을 때 철새들의 환상적 군무와 노을 속을 나는 비행기는 대자연의 선물을 덤으로 받은 것 같다. 을숙도 푸른 소나무는 언제나 변함없이 그 자리에 서서, 아낌없이 솔향기 날려주고는 홀로 위풍당당하다. 가끔 태풍에 꺾어져 현기증을 일으키면 높은 하늘을 휘휘 맴도는 텃새들과 꽃구름은 알 것 같다.

근처 식당에서 싱싱한 두부를 안주 삼아 막걸리 한 잔으로 갈증을 몰아내고, 내면에 그동안 가려두었던 장막을 걷어내면 어느 때보다 솔직하고 화기애애한 대화를 하게 된다. 문득 고개 돌려 노을 진 하늘을 바라볼 때 어디선가 실려 온 코스모스 향기가 콧잔등을 간질인다.

가로등 불빛 아래서 한 줄기 바람에 살랑이는 나뭇잎이 불그스레하다. 내 얼굴도 덩달아 빨개져 한 잔 술에 세상을 다 얻은 듯 가뿐한 발걸음, 콧노래 부르는 을숙도는 지상의 낙원이다. 평범한 소시민으로 살아가면서 정신적 풍요로움을 느끼는 곳으로 추천한다.

나 역시 최상의 휴식처인 을숙도를 가까이에 두며 건강하게 오래 살기 위한 웰빙 바람을 마음껏 즐기기 위해 자주 찾는다. 을숙도는 봄여름 가을 겨울 색다른 볼거리를 준비하고 언제나 사람들이 자주 오기를 기다리며 대지의 너른 품에 안기기를 바라고 있다.

기복 신앙

승학산 산바람이 강하게 부는 날이다. 오늘따라 이에 아랑곳없이 산새들의 울음소리가 청아하다.

문득 시 한 수가 듣고 싶어 인터넷 카페 창을 열었더니 한용운의 '알 수 없어요' 낭송시가 능수버들 휘늘어진 모습처럼 낭창하게 들리며 내 심금을 울린다.

"공중에 수직의 파문을 내이며
고요히 떨어지는 오동잎은 누구의 발자취입니까
중략
떨어지는 해를 곱게 단장하는 저녁놀은 누구의 시입니까
타고 남은 재가 다시 기름이 됩니다
그칠 줄을 모르고 타는 나의 가슴은
누구의 밤을 지키는 약한 등불입니까"

윤회와 참된 가치를 향해 열심히 부단하게 정진하는 불교시의 느낌이 엿보인다. 내가 불교에 관심을 가진 시간이 꽤 오래되었다.

과연 불교에 심취하면서, 나 자신이 참회하는 계기가 되었는지, 불교 공부에 많은 관심을 가졌었는지? 되묻게 되었지만, 기복 신앙에 마음이 더 강했다는 생각이다.

종내 생각에 생각을 거듭하는 날이 계속된다. 공부는 해도 해도 끝이 없고 머릿속에 남아 있는 생각은 화두가 되니 오로지 한마음으로 내 근기에 맞게 공부하자란 결심이다.

신묘년

전국을 강타한 맹추위로 눈까지 내려 빙판길 교통사고가 줄 이은 경인년 마지막 날이다. 교수신문은 지난달 8~16일 전국 대학교수 212명을 대상으로 설문조사한 결과 전체 39%가 신묘년 새해 희망의 사자성어로 '민귀군경(民貴君輕)'을 택했다고 한다.

'민귀군경'은 맹자의 '진심' 편에 '백성이 존귀하고 사직은 그다음이며 임금은 가볍다'라고 한 데서 유래한 성어다.

맹자는 '춘추좌전' '상서'에서도 '백성 보기를 다친 사람 보듯 하라. 백성을 갓난아이 돌보듯 하라' 하며 민본을 강조했던 사상가다.

경인년 한 해는 북한의 침공으로 억울한 죽음이 많았던 해였기에 올 신묘년은 정말 국민이 평화롭게 잘 사는 한 해가 되기를 염원한다.

신묘년 새해, 첫 소망 담아 동트기를 기다려 새날을 맞이하려는 마음이 마치 어릴 적 소풍 가는 날을 기다리는 마음이었기에 잠을 계속 설쳤다.

책을 읽다 언제 잠이 들었는지 제야의 종소리를 못 들었다.

2000년을 맞이하는 그날도 추위에 벌벌 떨며 해운대 바닷가 백사장에서 지인들과 기다리다 화장실을 다녀오니 해가 솟아올라 왠지 좋은 일이 없을 것 같았는데 예상대로 우환이 겹쳐 마음고생을 많이 했었다.

참으로 나이가 든다는 증거인지 이제는 초저녁잠이 많아진다. 어머님께서 늘 새벽에 일찍 일어나고 초저녁이면 주무시기에 우리 오 남매를 키우신다고 힘이 들어 피곤해서 일찍 주무신다고 생각했다. 그런데 나도 그때 내 어머니의 나이가 되어서인지 이상하게 저녁만 되면 몸이 아프기 시작하고, 일찍 잠자리에 눕게 된다. 새해 첫날 자다 깨다, 시계를 보니 새벽 다섯 시였다.

또다시 잠을 청하니 온통 산만한 꿈이다.

몇억이나 되는 돈이 왔다 갔다 한다. 돈은 꿈 해몽 책을 보면 근심이다.

신묘년을 맞이하기 전날에도 돈 꿈을 꾸었다. 하지만 그 꿈은 해석하기 나름이리라.

올핸 온통 돈방석에 앉으려나 보다. 무슨 생각이든지 긍정적으로 생각하면 현실로 이루어진다 했다.

나에게 큰돈이 생긴다면 참으로 하고 싶은 일이 너무나 많다. 제일이 장애인 단체에 기부를 하고 싶은 마음이고, 그다음에 내 주변을 살피고픈 마음, 또 그다음엔 나만의 공간을 가지고 싶어 선택한 장소인 섬진강 변에 작은 오두막집을 사는 것이다.

어릴 적 꿈을 꾸면 늘 하늘에서 큰 두레박이 내려오면 그 두레박을 타고 낙동강을 건너 큰집에 갔다. 그러면 꼭 방학이면 어김없이 큰집을 가게 되었다. 오늘같이 이렇게 휑한 바람이 불면 찬바람에 볼이 시리고 콧물 눈물 범벅이 되어 손과 발이 시려 동동걸음을 치면서도 의령 큰집에 간다는 마음에 추운 줄도 몰랐다.

신묘년 첫날을 맞아 모처럼 온 가족이 함께했다.

1992년 김해 이사 오기 전, 우리 가족은 창원에서 육 년을 살았다.

그래서인지 애들은 창원에 자주 가기를 원한다. 특히 그곳의 임진각 식당은 오랜 세월 단골이다. 남편과 결혼했던 때가 1983년이다. 현재 그 자리보다 조금 위쪽인 소답동에 할머니 계실 때부터 단골이었으니 어느덧 삼십 년의 세월이 흘렀다. 그때 그 음식 맛이 변함없이 대를 이어 내려오는 곳이기에 어지간한 중소기업형의 식당이다. 주메뉴가 떡갈비와 소고기 국밥인데 어른 아이들이 다 좋아하는 음식이다. 신년 첫날이라 그런지 대기표를 타서 기다렸다.

가까운 곳에 살면 돌아가서 나중에 올 것이지만, 일부러 시간을 내어 한 시간 걸려 찾아간 곳이라, 약 삼십 분을 차에서 기다렸다 먹었다. 그래서인지 그날따라 모든 음식이 꿀

맛이었다.

이렇게 우리가 살아가면서 입에 길들여진 음식을 애써 찾아가 먹듯이 사람도 오랜 시간 함께 정들은 사람은 세월이 가도 그립고 보고 싶다. 그런데 이미 저세상으로 떠난 사람들을 볼 수 없다는 현실은 새해가 되면 더 보고픔에 진한 아픔이 밀려와 가슴이 답답하다.

삼십 년이 흐르는 동안 창원은 주변이 너무나 많이 바뀌었다. 롯데 백화점이 들어섰고 대형마트가 들어서면서 탁 트였던 창원은 어디 가고 우후죽순처럼 고층 아파트가 즐비해서 그 자체가 답답했다. 자연 보호를 주장하고 환경보호를 아무리 외쳐보아도 실천하지 않으면 소용이 없는데 어느 도시를 가도 자연 경관을 훼손한 그 자리엔 고층 건물이 즐비하니 자연풍이 그리운 날이었다.

올해는 아픔이 없고 억울한 죽음이 없는 그런 해가 되길 바란다. 새해 들어 들려오는 소식은 온통 눈이 많이 내려 빙판길 사고이지만, 제발 더 이상 아픔이 없고 사랑과 평화가 공존하는 그런 신묘년이 되길 간절히 소망한다. 전국적으로 구제역이 돌아 축산농가의 시름은 더욱 깊어지고 있다.

구토지설(龜兎之說)에 나오는 토끼처럼 보다 총명하고 지혜롭게 살아야겠다. 비방지목(誹謗之木)이란 말이 생각난다. 정치에 불만이 있는 사람은 나무 기둥에 그 불만을 써놓고 희망을 말하게 한 데서 유래했다. 새해 새로운 마음으로 우리 국민 모두가 나라와 가정이 잘 되길 기도하는 자세로 이 어려움을 잘 극복할 수 있도록 더욱더 열심히 근검절약하며 살아야겠다.

아이비 사랑

이 년 전 서울에 사는 친구가 내 생일 선물로 아이비가 한 곁에 심어져 있고, 들꽃을 곁들인 하얗고 긴 사각 화분을 꽃 배달 퀵서비스로 보내왔다. 나는 그 아이비 화분을 받고서 고맙고 반가운 마음도 잠시, 여간 걱정이 되는 게 아니었다. 아이비의 싱그러움, 그 자체는 너무나 좋아하는데, 유독 아이비만 키우면 시들었다.

숫제 정성 들여 키운 공도 없이 그만 뿌리째 썩어 버린다. 그랬기에 혹시 친구가 보내준 그 정성에 보답을 못 하면 어쩌나 하는 마음부터 앞섰기에 받았던 선물 그 자체의 기쁨보다 걱정이 더 배가가 되었다.

사랑하던 식물이 죽는다는 것은 참으로 기분이 묘하고 찜찜했다. 다른 식물들은 다 잘 자라는데 유달리 아이비는 사랑을 듬뿍 주는데도 잘 죽었다. 아이비를 잘 키우고자 인터넷에서 "화초를 잘 가꾸는 방법"을 검색해 보고, 화원에서 조언도 듣고 그렇게 정성껏 가꾸어도 내 정성이 부족한 탓인지 결과는 마찬가지였다. 아이비는 화원에서 구경만으로 즐기는 식물이 되었다. 그 대신 집 안에서 늘 푸름을 즐기려고 스킨다브스를 사와 지금껏 시들면 버리고 또 새것을 사서는, 이십육 년째 꽃도 몇 번 보고 거실에서 잘 키우고 있다.

평소 녹색 계통을 너무나 좋아하기에 커튼, 베란다 버티컬 등, 녹색이 우리 집에는 비교적 많은 편이다. 녹색은 마음을 편안하게 해주고 자연적인 느낌이 들어 더 좋아하는지도 모르겠다. 신선함과 상쾌함을 연관시켜 주는 색도 또한 녹색이기에 아이비를 보면 에버그린(evergreen)이란 말이 생각난다.

이슬람에서는 녹색을 가장 성스러운 색깔로 사용하고 또 유럽에서는 혐오의 색으로 녹색을 치부했다. 유럽 중세 시대에는 의복의 색으로 신분을 나타내기도 했는데 짙은 녹색은 가난한 서민들이 입을 수 있는 옷의 색깔이었다 한다. 레오나르도 다빈치가 그린 모나리자도 녹색 옷을 입고 있다. 모나리자가 누구였는지는 아직도 알려지지 않았지만 녹색 옷을 입은 것으로 봐 귀족은 아니었다고 한다. 또 나폴레옹도 녹색을 좋아했는데, 그가 유배된 세인트헬레나 섬은 온통 녹색으로 꾸며졌다고 한다.

몇 년 전 프랑스 화학자들이 나폴레옹의 시체를 분석했는데, 그의 머리카락과 손톱에서 다량의 비소가 발견되었다고 한다. 유럽 중세 시대, 한 염료 공장에서 구리 조각을 비소에 용해시켜 진한 녹색을 생산해 내는 데 성공했단다. 그러나 이렇게 만들어낸 녹색에는 강한 독성을 숨기고 있었다. 세인트헬레나 유배지의 습한 기후 때문에 녹색 카펫과 녹색 가구, 녹색 가죽의 독이 용해된 것이다. 이 말이 곧 나폴레옹의 시신에서 발견된 비소와 상관이 있을 것이라 했다.

이렇게 늘 나를 긴장시켰던 아이비가 친구에게 선물로 배달되어 온 이후로는 우리 집 베란다에서 이상하리만치 잘 자라주었다. 너무 잘 자라 가지치기를 해서 수경재배를 해두면 또 뿌리가 내려 다른 화분에 옮겨심기도 하고 가지를 잘라 친구들에게도 나누어 주었다.

이런 사연을 가진 아이비는 우리 집 베란다에서 지금껏 예쁘고 싱그럽게 잘 자라고 있었다. 그런데 비가 내리는 오늘, 이상하게 베란다에 개미가 기어 다니고 있다.

너무 놀라 베란다 곳곳을 살피다 개미 한 마리를 따라가면서 지켜보니 아이비 화분에 들어가는 게 아닌가, 깜짝 놀라 잘 살펴보니 그 긴 사각 화분에서 개미가 들락날락했다.

당장에 그 화분을 집어 신문지를 펼쳐 놓고 흙을 쏟았다. 역시 그곳 흙 속에 개미집이 자리하고 있었다. 어쩔 수 없이 아이비는 일단 물에다 넣어두고 당분간 살피기로 하면서 흙과 함께 개미집은 버렸다.

결국, 아이비에 정성을 쏟던 이 년의 사랑이 개미집으로 말미암아 한풀 꺾이게 되었다. 곧 예쁜 화분을 사서 다시 아이비를 심을 것이다.

아이비 사랑의 세월이 이 년이나 흐르고 있다. 그 친구와의 우정은 더 진실되고 아이비처럼 싱그럽다. 아마 그 친구도 나의 마음같이 진실한 우정을 바라며 아이비를 선물했을 것이다.

베란다에 나갈 때마다 싱싱하게 잘 자라는 아이비를 보면 친구가 생각난다. 그 어떤 선물보다도 나에게 소중히 간직하고픈 선물이 되었다. 친구에게서 가끔 전화가 오면 아이비가 잘 자라는지 재차 묻는다. 잘 자라게 된 아이비 사연을 이야기해 주면 박장대소를 하며 인사를 건넨다.

아이비가 언제까지나 싱그럽게 잘 자라주길 바란다. 친구의 삶과 내 삶도 늘 싱그러운 아이비 같은 삶이 될 것이라 믿는다.

어머니의 치매 검사

어머니의 치매 검사 결과를 기다리면서 조바심이 났다. 어머니를 모시고 근처 다대포 횟집을 향했다. 평소 좋아하시는 회가 뼈를 추려 잘게 썰은 붕장어 회다.

치아가 약하기에 뼈를 다 추려서 썰어 달라고 주문했다. 붕장어회는 고소한 맛이 강하기에 다른 회보다 더 좋아하신다. 추린 붕장어 뼈도 잘게 튀밥처럼 튀긴 것은, 뼈와 저혈압의 어지럼증에도 좋다면서 잘 드신다.

2010년 1월에 양쪽 무릎 수술을 하고는 저혈압으로 돌아가실 뻔한 위기를 넘겼다. 아직도 지팡이를 의지하고 걸음을 겨우 걸으시는 어머님을 부축하고 나들이하는 것은 마음과는 달리 매우 조심스러운 일이다. 자칫하다 넘어지시면 생명이 위험하다고 했다. 아버님이 대학병원에서 방광 수술 후 갑자기 돌아가시고, 살이 많이 빠진 상태에서 양쪽 무릎을 절개해서 인공 관절을 넣는 수술을 하셨다. 그 후유증인지, 아님 연약하신 탓이었는지, 그리 썩 수술 결과가 만족한 편이 아니었다.

의사 선생님은 연세 많으신 분은 그런 수술을 권하고 싶지 않다고 했지만, 오자형으로 굽어 가는 다리를 보고 수술을 하자고 권했다. 그 결과인지 평소 어지럼증을 자주 느끼시고, 기억력이 우리보다 더 좋으신 어머님께서 평소와 달라 보였다. 오 형제가 모여 가족회의를 한 결과 치매검사를 하기로 했다.

어머님은 자식들께 걱정 끼치는 일은 절대로 안 하시고 또 하고 싶어 하지 않으신 분이다. 그러나 다리가 점점 안으로 굽어가기에 우리가 우겨서 수술을 권했다. 그래도 수술을 안 하겠다는 당신 생각을 끝끝내 주장하셨다. 유달리 병원은 마다하신다. 그 이유가 아버님께서 수술 후유증으로 돌아가신 탓도 있다는 것을 알기에 이해가 갔지만, 오자형 다리가 되는 것은 차마 보질 못하겠기에 수술 권유를 강력하게 주장했다.

수술 후 돌아가실 뻔했을 때는 관세음보살님과 먼저 가신 아버님께 살려달라고 기도했다. 그래도 가족들 모두 희망의 끈을 놓지 않았기에 어머님은 깨어나셨다. 자칫 돌아가셨으면 자식들은 수술을 강력하게 권한 후회가 영원히 남을 뻔했다.

어머니의 치매검사 결과가 경계성 치매라기에 그나마 다행이었다. 수술 후 잘 드시고, 회복 시간이 지나면 조금 나아

질 것이란 희망적인 의사의 말씀을 듣고 안도의 한숨을 쉬었다. 이제 잘 걸으시면 평소 가고 싶어 하시던 화개장터에 모시고 갈 것이다.

인내력 시험

인내력을 요구한 날들이 이어진다. 많은 일에 비문증에 이어 어지럼증까지 생겼다.

과연 삶에 무엇이 정답인지?

모질지 못한 성격에 나 자신의 건강을 해치면서까지 남을 도우려고 애쓴 흔적들이 건강에 적신호를 보냈다. 화가 나기보다는 담담했다.

아침 티브이에 건강 관련 상식을 듣는데 이런 말을 한다.

"잘못된 유전인자는 총에 총알을 장전시키는 것과 같고, 잘못된 라이프 스타일은 방아쇠를 당기는 것과 같다. 또 절약을 위한 삶이 행복한 삶에서 15%가 멀어지는 삶"이다.

그렇구나!

내가 조금 부족해도 남을 위해 봉사하는 마음은 좋은 일이라 생각했다.

그 좋은 일에 절약이란 단어가 포함되었다.

시간이 주어질 때 겁 없이 밤을 새워가며 교정을 했다. 나 자신의 결과물은 없이. 그저 '고맙다'란 말 한마디 듣고 싶어서 그랬을까?

갑자기 흰머리가 많아지고 눈앞이 흐렸다. 안과에 가니 비문증에 백내장이란다. 컴퓨터 화면을 보면 나도 모르게 눈물이 났다. 그냥 좋은 마음으로 한 일에 선물치고는 참담하고 암울했다. 모르고 살고 싶은데 들으면 병이다. 병원 가기는 정말 싫다. 마음을 다잡았다.

인성이 곧 천성이라고, 마음 가는 대로 살련다.

무엇보다 타고난 성품이 좋아야겠지만, 노력하고 인내하다 보면 만사가 잘 풀릴 것이리라 믿는다.

어둠

어둠이 내려앉으면 홀로 계실 엄마 생각에 가슴이 철렁 내려앉는다.

캄캄한 집에 불빛마저 없었다면 얼마나 삭막하고 답답하실까? 갑자기 눈이 어두워 앞을 못 보는 사람이 생각나, 눈을 감고 일어나 걸어보다가 그만 소파에 부딪혀 무릎이 아프다. 당장에 처한 아픔이 느껴지는데, 이보다도 더 아픈 것은 갑자기 기억을 잃었다고 생각하면 더 비참할 것 같다. 경계성 치매를 앓고 계시기에 가끔 티브이 리모컨을 손전화기로 착각한다.

산다는 것은 연극 속의 주인공이 되어, 세상에 태어나면서 내게 주어진 배역을 충실하게 소화해 나가는 것이라지만,

주인공의 역할에 따라 행복과 불행이 결정된다면 주인공은 반드시 행복을 택하겠지요.

그럼 비극의 주인공은 누가 맡을까요?

그렇게 열심히 살려고 했던 엄마! 늘 '나무아미타불' 염불을 하시던 엄마.

버려라! 비워라!

나는 늘 무념무상을 기원하면서 엄마의 안위를 위해 얼마나 기도했었던가?

화두가 된 일상에서 사랑이 무엇인지, 인내가 무엇인지, 희생이 무엇인지, 오늘 밤은 깊은 사유로 잠을 설친다. 온통 엄마 생각뿐이다. 지난 삶이 온통 후회스럽다.

가을비

기린처럼 목을 길게 빼고 애타게 기다리던 가을비다.

농촌에선 가뭄이 심해 비가 오길 학수고대하고 있는데, 일기예보가 올해 들어 종종 틀린다. 민심은 천심이라 했다. 시국이 어수선하니 세상사 시끄러워 하늘이 감동하는 일이 없기에 눈물을 흘리지 않는지, 기다리는 비는 감감무소식이었다.

그러다 새벽부터 반가운 비가 내리니 그동안의 스트레스를 말끔히 씻어 주는 것 같다.

제법 대지를 촉촉하게 적셔주는 비로 승학산에 나무들이 싱싱하다. 길가, 이름 모를 들꽃들도 물기를 머금어 함초롬한 모습으로 해맑게 웃는다. 농촌에는 곧이어 벼 베기가 한창일 텐데, 가뭄에 이 비가 얼마나 반가웠을까? 저수지의 밑바닥이 드러날 정도의 가뭄이었다니 근심이 해소돼 다행이다.

채솟값이 치솟고 억새와 단풍잎마저 가뭄에 제 색을 띠지 않는다.

비를 맞으며 운동 겸 저녁 나들이로 을숙도를 찾았다. 안개비가 내렸다. 안경을 쓴 나는 어쩔 수 없이 우산을 받쳐 들고 광장을 몇 바퀴 돌기로 했다.

걷다가 가로등 불빛에 반사된 모과나무를 자세히 보니 열매가 많이 달렸다.

비가 와서 그런지 그 모과가 유난히 탐스럽게 보였다. 제법 노랗게 익어 조금 있으면 저절로 떨어질 것 같았다. 욕심에 행여나 모과가 떨어지지 않을까 기다렸지만 그런 일은 없었다.

그래서 도둑고양이처럼 살금살금 다가가 모과나무를 흔들었으나 내 힘으로는 끄떡도 안 했다. 괜히 누구 볼까 싶어 겁이 덜컥 났다.

열매가 저절로 떨어져 있는 것은 먼저 점유한 사람이 임자가 된다고 해도 억울하게 도둑으로 취급을 당할 것 같아 감히 가져올 엄두도 내지 못했지만, 그냥 오늘은 바라만 보는 것으로 만족했다.

우연히 나에게 주어질 기회가 된다면 겨울이면 목감기에 걸려 늘 고생하는 나에게 금상첨화의 선물이 될 것 같다. 불빛에 요염하리만치 이쁜 노란 모과가 지금도 눈에 삼삼하다. 모과차 향기가 내 코끝을 스친다. 불빛에 반사된 빗줄기가 고즈넉한 을숙도를 빛낸다.

자동차전용극장에서는 전날에 보았던 미스 홍당무가 계

속 상영되고 있다. 다음 영화 제목이 기다려진다. 비를 좋아하는 사람은 슬픈 사연이 많다 하지만, 나는 비를 무척 좋아한다.

노래도 슬픈 가사를 좋아하면 인생이 슬프게 된다고, 밝은 노랠 좋아하라 했지만, 그게 어디 내 마음대로 되어야 말이지.

"빗속을 둘이서" 목청껏 불렀다.

가을바람

바람이 없는 날에는 을숙도를 찾는다. 강가 모기가 기승을 부려 더위에 한몫 거든다. 강가에 사는 모기는 물리면 퉁퉁 붓고 가려워 며칠을 간다. 야외에서 세워 사용하는 모기장을 하나 샀다. 나갈 때마다 텐트를 치고 그 속에 들어가 놀면 모기에 물리지 않겠다는 얕은꾀를 냈다. 이런 환경의 불편함을 줄이면 을숙도는 정말 편안한 휴식 공간이다.

강가에 유유하게 놀이터 삼은 청둥오리의 물놀이를 구경하는 재미가 쏠쏠하다.

한여름을 방불케 하는 늦더위에 기운이 다 빠졌다. 대낮에 받은 열기로 대지는 뜨겁게 달궈졌고 열대야는 기승을 부린다. 여름 내내 더위를 먹었는지 속이 메스껍고 울렁거린다. 선들바람이 불어 주니 조금 살 것 같다.

밤이 되니 살갗에 닿는 바람의 감촉이 한결 시원하고 산뜻하다. 재래종 코스모스는 이제 한둘씩 피어 앙증맞은 꽃봉오리를 터트리며 갖가지 색채를 띤다. 불빛에 반사되어 금빛 빗살 무늬를 수놓는 강가에 서걱대는 갈대의 울음소리가 벌써 들린다.

도시의 야심한 밤은 자동차 경적 소음, 사람들의 말소리, 바람 소리 등, 소리의 연속으로 머리가 지끈거린다. 이렇듯 저마다 삶의 소리가 다르다. 어디선가 풀벌레 소리가 요란하다.

그들도 나처럼 잠이 없는가 보다. 불빛에 풀벌레들이 낮인 줄 알았나 보다. 도심의 풀벌레 소리는 변이가 되었다. 어디에 숨었는지 그들의 흔적을 찾을 수가 없다. 마치 나처럼 야밤에 은밀히 가을바람을 즐기는 것 같다. 오늘 밤은 아파트를 지키는 가로등처럼 파수꾼을 자청한다.

제3회 사이버농업인 CEO 전진대회

제3회 사이버농업인 CEO 전진대회가 전국 사이버농업인 1000여 명이 참가한 가운데 전남 나주 중흥골프스파리조트 대연회장에서 성황리에 마쳤다. 사이버 농업인 CEO는 IT 기술을 농업에 접목하여 정보교환은 물론, 경영관리와 전자상거래를 하면서 한국 농업의 미래 성장 동력으로 경쟁력 있는 농업, 찾고 싶은 농촌을 위하여 국민의 농업·농업인·농업환경을 만들어가는 것이라고 한다. 한국사이버농업인연합회는 한국 사이버 농업 농산물 E-비즈니스를 통한 안정적인 소득증대 및 세계적인 사이버 농업인 CEO로서, 긍지와 자부심을 갖는 단체라 알고 있다. 언젠가 들은 방송 보도에서는 대통령 인수위의 농촌 진흥청 폐지 방침은 농업 농촌 및 350만 농업인의 현장을 무시하는 처사라며 올 이월에 강력하게 이 단체에서 규탄하기도 했단다. 이런 훌륭한 단체의 뜻깊은 행사에 우리 한울문학이 함께 참여한다는 것에 대단한 자긍심을 가진다.

드디어 행사 당일이다. 이른 아침에 설레는 마음으로 행사에 갈 준비를 하는데, 주방 앞에 병풍처럼 둘러쳐진 승학산에서 들려오는 까치 울음이, 오늘따라 유별나게 청아하다. 꼭 좋은 일이 생길 것 같았다. 비가 온다는 뉴스에 며칠 내내 걱정했다. 다행인지 날씨가 너무 맑고 상쾌하다. 새파란 하늘에 뭉게구름이 두둥실 거리며 우리를 따라나선다.

생각보다 고속도로에 차가 밀리지 않아 행사장을 향하는 일행의 발걸음은 참으로 가뿐했다. 한 시간 삼십 분을 달려 섬진강에 무사히 도착했다. 잠시 휴식을 취하려던 차에 단체 임원에게서 사천을 지나 섬진강에서 휴식을 취할 것이란 전화를 받았다. 고운 인연은 늘 보이지 않게 동행하나 보다. 행사 장소보다 미리 만나 서로들 반갑게 인사했다.

잠시 휴식을 취하고, 회원을 실은 버스를 따라가면 쉽게 행사장에 도착할 것 같아 우리 일행은 버스 뒤를 따랐다. 차가 전진할수록 산야의 푸르름이 짙었다. 도심에 찌들어 사는 내게는, 푸른 산야를 보고 맑은 공기를 마실 수 있어 더 신바람이 났다. 스쳐가는 진풍경에 눈을 뗄 수가 없었다. 계속 버스를 따라가니 나주로 가는 것이 아니고, 녹음이 짙은 산속으로 달린다. 이상하단 느낌이 가시기 전에, 그곳에서 점심을 먹는다는 것을 알았다. 경사농 집행부에서 준비해 준 돼지고기 수육과 김밥을 산들바람이 부는 산속에서 먹으니 꿀맛이었다.

그렇게 쉬어 가면서, 계속 차는 달렸다. 드디어 조경이 멋지게 꾸며진 행사장에 도착했다. 경사농의 반가운 회원을 만나 인사를 하고, 연이어 서울에서 오신 한울문학 임원진들과 각 지부의 반가운 시인들을 만났다.

행사가 시작되고 개회식에 앞서 성공한 사이버 농업인 CEO 4명의 경영전략 발표와 황영조 감독의 무한도전을 통한 사이버농업인의 정신력 강화의 특강이 있었다. 곧이어 유공 농업인과 공직자에 대한 시상식이 거행되었다. 이 행사의 규모가 크고 엄숙한 대단한 행사라는 것을 실감했다.

장병수 한국사이버농업인연합회장은 개회사를 통해 "급변하는 국제 농업 환경에 능동적으로 대처해 나가기 위해 IT 기술을 농업에 적극적으로 접목해가는 농업 경영마인드 확립이 꼭 필요하다"라며 이를 위해 기관 간 경영정보 조직의 대동단결과 확산이 필요하다고 강조한다. 또 "대한민국 농업 희망 지킴이로 우리 농업의 비전을 제시하며 e-비즈니스를 통한 농산물 소비 촉진 및 Cyber 마케팅 활성화를 도모하는 자리가 될 것"이라고 밝혔다. 경사농에 유재하 화장님의 경사농 연혁 보고를 들으면서 경사농이 한사농에서 든든한 버팀목의 역할을 한다는 것을 느꼈다. 한 단체를 이끌어 간다는 것은 강력한 리더력이 없으면 어렵기에 유재하 회장님과 그 집행부가 하는 일이 참으로 대단했다. 저녁에 함께 식사하는 자리에서 장병수 회장님을 뵙고는 이 말을 다시 되새겨 보는 계기가 되었다.

시간은 흘러가고 드디어 2부 행사가 시작되었다. 순간 앰프가 질투했다. 고막을 찢을 것 같은 굉음에 전부 깜짝 놀랐다. 그 앰프가 먼저 환영인사를 하려고 그랬는지 멀쩡하던 앰프에서 갑자기 몇 번이나 굉음을 울리니 환영인사 한번 참으로 요란해 행사장에 앉은 전 회원들이 다 웃었다. 이런 일이 있음에도 불구하고 아주 노련하고 진지하게 "희망의 노래를 불러보자"란 제목의 시 낭송이 시작되자, 낭송시에 젖어 장내가 엄숙했고, 전체 회원들의 경청하는 자세에 진한 감동을 받았다. 그렇게 시작한 행사는 서로 문학인들과 농업인들의 만남으로 웃음꽃을 피웠다. 이렇게 한마음으로 서로 사랑하는 사이가 된 인연은 가슴에서 가슴으로 울림이 되어 2부 행사가 진한 여운 속에 끝났다.

저녁을 뷔페로 맛있게 먹고 오디주 한 모금에 심장이 벌렁거렸다. 멋진 님들과 사진 촬영을 하는 게 또한 기뻤다. 그렇게 시간은 흘러가고 3부 행사가 시작되었다. 서정태 이사장님의 한울문학에 대한 소개와 인사말에 이어 드디어 내 노래 순서가 왔다.

콩닥콩닥…. 오늘은 왠지 나에게 보이지 않는 힘을 주는 누군가가 있다는 믿음이 생겼다. 사실 음향 기기와 조율도 없이 대행사장에 선다는 것은 모험을 하는 것이었기에, 그리운 금강산을 부르는데 눈앞에 아무것도 보이지 않았다. 그만큼 긴장을 했었다. 연이어 휘파람 소리가 요란하게 들리고 앵콜이 들어왔다. 무심결에 보리밭을 부르겠다고 했다. 앵콜송의 보리밭 전주곡이 나오는데, 순간 무대 위 천장을 보며 나에게 최면을 걸었다. 평소에 잘 부르지 않았던 곡이다. 운에 맡기며 최선을 다하기로 했다. 전문 성악가가 아니기에 조금의 실수는 이해해 주리라 믿었다. 많은 찬사를 받았다. 별 실수 없이 내 몫은 다했다. 안도감이 밀려들면서 긴장했던 탓에 전신에 힘이 빠졌다. 많은 회원이 잘 불렀다고 칭찬해 주니 참으로 감사했다.

그렇게 함께한 행사가 계속 진행되었지만, 아쉽게도 돌아오는 길이 너무나 먼 길이기에 우리는 서둘러 행사 자릴 떠나야 했다. 행사를 준비한 집행부 측과 인사를 나누고 헤어졌다. 돌아오는 밤하늘 별들은 왜 그리 초롱초롱하던지, 미래를 예고해 주는 것 같았다. 온종일 행사 준비로 피곤했지만, 오늘의 이 행사가 무사하게 잘 치렀다는 안도감을 안고 귀갓길을 서둘렀다.

한울문학과 경남사이버농업인연합회의 무궁한 발전을 기원합니다. 저는 또 다른 내일의 희망을 안고 열심히 정진하렵니다.

수처작주

임제록에 임제선사가 하신 말씀이다.

'수처작주 입처개진(隨處作主 立處皆眞)'

어떤 상황에 부닥치더라도 자신을 잃지 말고, 끌려다니지도 말며, 나의 주체성을 살려 적극적인 삶을 살아간다면 무슨 일을 하든지 그 하는 일에 내가 현재 처해 있는 자리가, 진실한 生을 살아가는 데 있어 참 진리의 삶이다.

요즘같이 험난한 세상에 질경이 닮은 생을 살아가면서 꼭 잊지 말아야 할 명구(名句)이기에 요즘의 내 근황을 헤아려본다. 생활하면서 가끔 나 자신과는 무관하게 끌려다닐 때가 있다. 그 끌려다니는 일이 내가 조금 희생해서 타인에게 보탬이 되는 일이라면 내가 받는 공덕을 되돌려주고 싶다.

이유인즉슨, 내가 성장하면서 육신의 아픔으로 죽을 고비를 넘긴 적이 있다. 그래서 덤으로 사는 생이란 느낌이 간혹

들 때가 있다. 마치 보이지 않는 누군가에게 빚을 진 것 같다. 그러기에 보시라도 하면, 더불어 살아가는 삶에 웃음꽃을 피울 수 있으리란 생각이다.

올해가 가기 전에 다시 한번 자아 성찰의 시간을 가진다. 내가 어떠한 상황에 처해 끌려다니면서 자신을 잊어버리는 계기가 생긴다면, 수처작주 입처개진(隨處作主 立處皆眞)을 반드시 떠올릴 것이다. 어떤 상황에 부닥치더라도 그 처지에 주체적으로 할 일을 다 하면 그게 진정 참다운 삶이리라!

춘심

황사가 심한 휴일이다. 남편은 친구 어머님의 출상에 간단다. 왠지 오늘따라 우울해 누군가의 도움이 필요하다. 그런 내 마음을 알아차렸는지, 갔다가 빨리 올 테니 회를 먹잔다. 내심 기뻤다. 얼른 대답하고 기쁜 마음으로 대문 밖까지 따라 나가선 배웅했다. 유리창으로 승학산을 바라봤다. 연초록빛이 자욱했다. 엊그제 먹빛이었던 승학산이었다. 나무들이 언제 저렇게 연초록 옷을 입었는지 정말 눈 깜박할 새란 말이 실감 났다. 새삼 자연의 조화가 신비롭다.

춘분이다. 어느 것 하나 제대로 이룬 것이 없어 마음이 조급하다. 하루란 시간이 참으로 소중하다. 아파트 단지에는 벚꽃이 꽃봉오릴 하나씩 터트리고, 개나리가 앙증맞은 모습을 드러냈다. 오늘 뉴스에 광양 매화마을에 매화가 활짝 피어 상춘객들의 발걸음이 이어진단다. 뉴스를 들었는지, 남편 친구 부부와 수요일에 매화마을 꽃구경을 가잔다.

반가움에 마음은 벌써 그곳으로 향하고, 수요일 입고 나갈 옷차림까지 생각한다. 녹색 귀고리에 화사한 스카프를 두르고 모처럼의 나들이에 환한 봄을 즐기고 싶다.

침대에 누워 신경림 시인이 권하는 신경림의 소리 내어 읽고 싶은 우리 시, '처음처럼'을 보면서 남편과 내가 처음으로 만난 그날이 떠올랐다. 무엇이든지 첫인상과 첫 만남이 중요하단다. 앞으로의 삶은 처음처럼 그렇게 살고 싶은데, 지난 삶은 두루뭉술했다. 부부란 무엇인지? 늘 화두가 되는 일상이다. 나이가 들어가니 매사에 조급하다. 한 번뿐인 소중한 삶이라 생각하니 새삼스럽다. 시집을 읽어 갈수록 자꾸 마음이 싱숭생숭하다. 잘못 살아온 것 같아 후회막급하다. 답답한 마음에 벌떡 일어나 장미 커피잔에 커피를 진하게 타 마셨다. 시디를 넣어 평소 좋아하고 잘 부르는 가곡 '목련화'를 들었다.

"오 내 사랑 목련화야, 그대 내 사랑 목련화야" 평소 좋아하는 노래라, 고음으로 따라 불렀다. 언제 비둘기 한 마리가 내 노랠 들었는지 베란다 창틀에 날아와 앉았다. 그가 내 눈을 맞춘다. 반가운 친구다. 너도 외로웠구나! 비둘기가 건강하길 빌었다. 다홍색 군자란 꽃봉오리와 보랏빛 바이올렛도 삐죽하게 고갤 내밀었다. 예쁜 것들! 내 마음을 아는지 그들이 내 친구다. 멀리 을숙도 상공에 비행기가 날아간다. 비행기 꼬리에서 내뿜는 하얀 연기가 내 마음속에 잔재해 있는 삶의 의문처럼 꼬리가 길어진다. 가끔 봄이 되면 멀리 아지랑이 꼼지락거리는 을숙도를 바라보며 상념에 젖는다.

올해의 봄도 어김없이 내 삶을 반추하게 한다. 무자년 새 희망으로 가득한 봄이다. 봄비가 내리려는지 나른하다.

영화 무방비 도시

머리를 식힐 겸 남편과 장유 아쿠아랜드에서 노천온천을 즐기고, 김해 가야랜드에 있는 식당에 들러 저녁을 먹고, 가야 골프장 근처 자동차 전용 극장에 갔다.

그곳은 대형 스크린만 걸려 있고, 온 사방이 나무들로 병풍을 둘렀다. 자연 경관이 아름다워 밤이면 가끔 찾는다. 4인 가족이 입장료 만 오천 원을 주고 자동차에 편하게 앉아 관람할 수 있다. 차 1대당 인원수는 제한이 없다. 단, 9인승 이하, 1톤 이하 차량만 입장이 가능하다. 오후 8시부터 3회 상영을 한다.

오늘따라 보름달이 밝아 눈이 부셨다. 최상의 바이오리듬을 가진 날이다.

'무방비 도시' 소매치기 일당의 세계를 그린 영화다.

남자 주인공은 이순신에 등장했던 김명민, 여주인공은 손예진. 그녀의 몸매가 에스라인으로 영화 속에서는 요염하고 매혹적이다. 여자인 내가 보아도 육감적이다. 영화는 주인공의 선택에 따라 흥행의 성패가 판가름 나기에, 주인공의 선택은 탁월했다. 명배우들의 연기 또한 중요하다. 그들의 외모보다는 연기력을 높이 평가하는 나만의 잣대다. 특히 주인공들의 연기력과 표정에 매우 관심이 많다.

그런 면에서 김명민과 손예진은 참 잘 어울린다. 그들의 표정 연기는 한마디로 냉정하고 차갑다. 엄마 역의 김혜숙, 그녀는 최고의 표정 연기자다.

엄마는 소매치기, 아들은 형사, 엄마를 빼닮아 소매치기가 된 손예진.

영화를 보는 내내, 그 부모에 그 자식이란 말이 생각났지만, 부모들은 자식을 키우며 먹고살기 위해 나쁜 짓을 일삼아도, 자식들을 위하고 아끼는 마음은 여느 부모들 못지않게 끔찍하다. 자식을 위해서는 목숨이 아깝지 않을 만큼, 강한 모성애를 그려 준다. 일본에서 유명한 폭력 조직배들을 검거하기 위해 각자 맡은 배우들의 연기는 무척 돋보였다. 특히 소매치기 특유의 연기력이 최상이다. 사실감 있는 소매치기들의 연기와 촬영 기술이 특급이었다. 영화는 관객들에게 던져 주는 메시지성이 확고한 영화였다.

사랑을 위해서는 목숨도 버린다지만, 주인공들은 사랑하면서도 자신들의 사리사욕에 눈이 멀었다. 서로를 이용하면서 범죄 소탕을 위해서는 사랑을 버리면서까지 소매치기를 검거해야 하는 직업의식이 매우 강하다. 홍미 위주의 영화보다는 메시지성이 강한 영화였다. 사랑! 그 사랑 앞에 무릎을 꿇는 자가 많다지만 연인을 죽임으로 끝맺음한다. 내가 만약 그 사랑의 주인공이었다면, 그녀를 죽여야만 했을까? 직업의식에 엄마를 죽인 원수를 죽임으로 또 다른 복수를 잉태하겠지만, 그녀가 죽음으로 모든 것이 끝났다.

복수도 끝났다.

사랑도 끝났다.

남자가 여자를 죽이고 난 후에, 엄마의 묘지를 찾았을 때, 눈물 났다.

"삶이 허망하다"란 것을 강하게 느꼈다.

돌아오는 길에 휘영청 보름달은 왜 그리 밝던지, 운전하는 남편의 옆모습을 훔쳐보며 살아있어 함께 누릴 수 있는 이 순간이 행복했다.

집에 와서 남편께 향기 좋은 용정차 한 잔을 권했다.

살면서 어떤 미운 감정이 생겨도, 어떤 잘못을 해도 지금 이런 마음 같으면 다 용서할 것 같다.

남편도 나와 같은 마음일까?

흑장미

장미 가시를 생각한다. 장미를 여자에 비유한다면 아주 표독스러운 독을 품고 철조망 같은 가시가 달린 흑장미를 연상시킨다고 할까?

살면서 누군가에게 아픔과 배신을 당하면서 살아간다고 하지만, 그러기엔 오늘 아침, 하늘빛이 너무나 곱다. 마치 맑은 가을 하늘을 연상케 한다.

세계 챔피언을 지낸 권투선수 최요삼이 뇌사 상태에서 장기 기증을 하고 세상을 떠났다. 하늘도 청빈한 선수의 마음을 알아차렸을까? 매스컴에서 애도의 물결이 눈물바다를 이룬다. 1월 3일 영시를 기해 수술하게 된 연유가 최요삼 권투선수의 아버지 기일에 맞추어 날짜를 안 잊히게 하려는, 사후 소문이었다. 마음이 너무 아파 이틀을 눈물로 지냈다. 닷새 후에 있을 아버지 기일을 기다리는 내 마음도 같은 마음이었기에, 더 마음이 아팠는지도 모르겠다.

슬픔과 고단한 마음이 술렁이는 새해, 세 번째 날이다. 인내를 강조해도 지나치지 않을 날들의 연속선상에 평행선이 주어지지 않았다. 내가 걸었던 발자국의 흔적이라지만, 물에 미끄러져 꼬리뼈를 다친 이후, 내 작은 육신의 고통은 너무 진하고 깊게 팬 발자국이었다. 아직도 조건 없는 사랑을 강요하니 그 뜻이 무엇인지 도대체가 모르겠다.

아침 하늘은 가을빛이었는데 저녁이 되니 회색빛 하늘에 노을이 한 줄로 길게 늘어서 있다. 구름이 진하게 깔려 있어 그렇게 보였나 보다.

오늘 이 시간이 지나고 나면 과거 속으로 사라질 테지만 혹독한 시간이다. 인내와 사랑, 계속되는 자문으로 해답을 얻지 못하는 일상이다.

이 세상에 공존하는 모든 삶의 연유들이 아름다운 꽃처럼 함초롬하다면 얼마나 좋을까?

우리네 삶이 늘 아침 노을빛처럼 찬란했으면 좋겠다.

정적이 맴도는 밤하늘에 초롱별 하나가 나를 반긴다. 저 초롱별에 바람 소리만이 고요를 깨트리며 밤을 삼킨다.

헤르만 헤세의 연애론을 읽고

사랑할 수 있는 사람은 행복하다는 헤르만 헤세의 연애론을 펼쳐 들며 제목에서 묘한 매력을 느꼈다.

헤세가 한 말 중에 "인간을 사랑하는 것, 약한 인간도, 도움이 되지 않는 인간도, 사랑하는 것 그리고 그들을 심판하지 않는 것이다." 이 말을 깊이 생각해 보면 "사람 위에 사람 없고 사람 밑에 사람 없다"란 매듭이 지어진다. 평소 내 삶의 신조로 삼으며 가슴에다 심고 싶은 말이다.

"사랑은 받는 것보다 사랑하는 것이 소중하다."

"사랑은 소유하지 않고 다만 사랑하는 것을 원한다."

어쩌면 사랑하지 않고 살아가는 삶이란 이 험난한 세상에 고립되어, 불행을 자초하리라는 생각에 이르러 책장이 덮어졌다.

밤새 눈이 내렸나?

어젯밤에 잠자리에 들기까지는 눈 소식이 없었다.

고추바람에 마구 휘날리며 싸락눈이 춤을 춘다. 승학산 중턱에 쌓이기 시작하는 눈이 한 폭의 수묵 담채화다. 눈부시게 아름답다. 자연이 주는 경건함에 눈물이 난다.

육십을 넘은 이 나이에도 어린애처럼 눈이 내리는 것을 보면 마냥 좋아서 눈밭을 뒹굴고 싶다. 눈이 내린다는 위쪽의 소식을 접할 때마다 숫눈을 밟고 싶은 마음에 목을 길게 빼고 기다렸었다.

드디어 내 마음을 알아차렸는지 눈이 내린다. 그런데 아쉽다! 함박눈이 내렸음 더 좋겠다. 내 마음도 모르는 눈이 야속하기만 하다. 긴긴 날, 그리움 속에 기다림의 응답이기에 꼭 숫눈을 밟고 싶었다. 숫눈이 내리면 함께할 천상의 친구도 기다렸고……

이 아침 내리는 싸락눈이 고귀하다는 생각이 든다. 온 세상이 하얀 은세상이 된다면 누가 제일 먼저 발자국을 남길까? 생각만 해도 설렘 가득, 가슴이 뛴다.

"펄펄 눈이 옵니다.
하늘에서 눈이 옵니다.
하늘나라 선녀님들이 송이송이…"

내 마음속에 찌든 세파의 온갖 탐욕이 내리는 눈 속에 저절로 희석이 되어 어두운 앙금은 다 씻기고 새로운 희망이 싹텄음, 간절히 기도한다.

살며 사랑하며 그렇게 누군가를 미워하는 마음도 내리는 눈 속에 다 씻겼으면 좋겠다.

늘 보름달만 같아라

승학산에 노닐던 까치가 반가운 손님이 온다고 목청이 찢어진다.

오늘은 구름 한 점 없이 맑고 밝은 하늘이다. 마치 깊은 산사의 계곡 물속을 들여다보는 것 같다. 말 그대로 명경지수다.

어디선가 새 떼들의 무리가 합세한다. 높은음자리의 지저귐이 산뜻하다.

그 지저귐에 차례상 준비에 지쳐 있던 몸이 피로 회복제를 마신 것처럼 개운하다.

며칠 내내 동동걸음으로 분주하게 보낸 일상이었다. 이른 아침 서둘러 차례를 지냈다.

정성껏 차린 음식으로 조상께 차례를 지내고 나니 맏며느리의 소임을 다했다는 마음에 긴장이 풀린다. 늘 큰일을 끝내고 난 뒤의 느낌은 마치 오래 밀려둔 숙제를 끝낸 것같이 홀가분하다.

누구의 도움도 받지 않고 혼자 하기에 피곤하다기보다 뿌듯한 느낌이다.

친정에선 제사를 지내지 않아 아무것도 모르는 상태로 시집을 왔다. 그랬는데 시댁은 제사가 있었다. 그도 내가 맏며느리기에 당연히 시댁의 가풍도 익히고 제사 음식을 하는 요리 과정을 배워야 했다. 집집마다 제사상에 올리는 음식이 조금씩 다르기에 그 음식을 배우기까지 참으로 오랜 시간이 걸렸다. 눈으로 보고 귀로 듣고 실천에 옮겼다.

현재의 제사 음식을 완벽하게 배우기까진 결혼 전 직장 생활로 늘 바빠 친정어머님을 도와준 적이 없는 나는, 어머님이 열다섯 살에 시집을 와선 고생을 많이 하셨기에 당신의 딸은 손에 물을 안 묻히고 시집을 보낸 친정어머니께 늘 죄송한 마음이다.

평소 그 어머님의 마음을 알기에 늘 긴장하며 시댁에 잘하려고 나름대로 노력했다.

그 결과 이제는 제사 음식에 소위 말하는 달인이라는 말을 가끔 듣는다. 산적 양념과 나물, 단술을 잘한다는 칭찬을 친척 형님들께 많이 들었다. 심지어 산적 양념은 특허받으라는 말을 듣기도 했다. 맏이는 하늘에서 타고난다지만 난 노력하는 맏며느리다.

한 손에 커피잔을 들고 창문을 여니 낙동강을 끼고 간간이 불어오는 갈바람이 코끝을 스친다.

승학산 구름이 두둥실, 맑은 하늘을 지붕 삼아 진귀한 장관을 연출한다.

낮달이 방긋방긋 미소 지으며 눈요기하라 한다. 문득, 환청처럼 들려오는 금강경. 날마다 내 정신적 주경이기에 컴퓨터를 켜선 카페에서 금강경을 들으며 따라 외워 본다.

내가 힘들고 두려운 마음이 생길 땐, 이렇게 불경을 듣고 있으면 마치 내 삶의 파수꾼 같은 든든함이다. 오전에는 많은 성묘객으로 붐비기에 오후 네 시경에 서둘러 김해공원 묘지의 시부모님 산소를 찾았다.

거리엔 가을이 무르익는 소리가 깊어간다. 언제 가을이 깊었는지 벌써 낙엽이 뒹군다. 성급한 세월에 참으로 서글픔이 밀려든다. 길가 가로수 밑에 심어진 개망초가 갈바람에 시달려 곤하게 보인다. 키 작은 코스모스의 여린 자태가 갈바람에 부대껴 참으로 애처롭게 느껴진다. 곳곳에 현수막이 걸려 있다. "고향 방문을 진심으로 환영합니다." 아직은 마을마다 옛 정겨움이 잔뜩 묻어난다.

고향의 짙은 향수를 느끼며 살아가는 사람들이 참으로 부럽다. 명절은 우리 민족 특유의 핏줄로 뭉친 디딤돌이다.

우리 민족 고유의 풍습은 정과 정으로 똘똘 뭉쳐 사랑 꽃을 피우는 살맛 나는 풍습이다.

차가 밀려 고생을 하여도 고향에서 반겨줄 부모 형제가 있기에 그 고생을 마다치 않고 설레는 마음 가득 안고 고향을 찾는다.

김해 공원묘지에는 갖가지 색깔의 조화가 누워있는 사람들의 이유를 대변하는 것같이 다채롭다. 산소 곳곳에는 삼삼오오 모여 웅성거리며 그들의 마음을 조상님께 전하고 있다.

솔숲에 갈 까마귀의 울음이 왠지 을씨년스러운 느낌이다.

노을이 지천으로 붉은 꽃을 수놓았다. 대자연의 오묘함은 신비로움! 그 자체다.

노을빛이 내뿜는 그 마술에 걸려 이대로 끝없이 달려 노을꽃이 지천에 핀 하늘가에 닿고 싶었다.

문득 가을바람에 어디론가 나서고픈 강한 마음, 이성과의 충돌이다.

돌아오는 마을 곳곳에는 친척 방문으로 선물 꾸러미를 들고 가는 모습이 참으로 정겹다.

상가도 대목의 특수를 노리며 문이 열려 있는 곳이 많았다. 이 상가의 주인은 어떤 사람들일까? 부지런하고 상술에 능한 그 사람들에게 갑자기 궁금증이 생긴다.

문득 일향 하는 향내가 어디선가 풍겨오는 것 같다. 은하사를 지척에 두고 스쳐 지난 탓이리라. 돌아오는 길에 산사에 들리고픈 마음이 강했지만, 피곤이 물밀듯 밀려왔다.

누군가의 희생으로 가족 간의 화목을 지켜 나간다는 것은 인내가 따른다. 이런 생각이 명절 때면 더욱더 깊어진다. 집으로 돌아가는 길목에 마지막 숨을 고르는 노을과 보름달이 따라와 길벗을 해주었다. 세월 따라 내 모습이 초라해지고 머리엔 흰 서리가 내리지만, 보름달같이 휘영청 부푼 기쁜 마음은 내 마음에 불꽃이 되어 장작불처럼 이글거린다.

남은 삶은 내 가슴에서 언제까지나 이글거리는 저 노을빛을 닮고 싶다.

기축년 동짓달을 보내면서

11월의 마지막 밤을 맞아 세월이 흐르는 물 같더란 말을 실감한다.

꽃이 함초롬하게 피어 설레는 마음으로 새 희망에 부풀었던 때가 엊그제다. 뭇새가 쉴 새 없이 지저귀고 계곡의 물소리가 시원하다 싶었더니 나뭇잎이 하나씩 단풍이 들 즈음에 때아닌 첫눈이 내렸다. 삼한사온의 대명사라 불렀던 우리나라 기후가 세월 속에 너무나 현저하게 달라졌다.

우리 집 베란다에 일 년에 두 번씩 피는 군자란을 보면서, 남극 동부 빙하도 3년간 年 570억 톤씩 녹아, 이제는 쇄빙선이 없어졌다는 말을 떠올렸다.

엊그제 서울에 사는 지인이 전화로 북한산 양지 뜰에 때아닌 진달래가 피었단다. 이젠 계절에 맞게 피는 제철의 꽃도 그 이름들이 무색해졌다.

동짓달에는 유난히 각종 경조사가 많다. 부부가 번갈아 다녀야 할 만큼 정신이 없다. 환절기가 되면 이 세상을 작별하는 사람도 많이 생긴다. 또한, 가을에는 부부의 연을 맺는 연인들도 많다. 벌써 내 나이가 아들딸 결혼을 시킬 나이가 되었다고 생각하니 세월의 빠름을 새삼 실감한다. 엊그제만 같았던 내 결혼도 어느덧 27년이 흘러, 눈 깜박할 사이 강산이 세 번이 변하려고 한다.

다 성장한 내 아이들을 보면 조금 있으면 결혼하여 내 곁을 떠날 것이란 생각에 새삼 마음이 더 촉박해진다. 건강하게 살아서 부모 된 도리를 다하여야겠다. 시간의 흐름이 빠름에 바짝 긴장이 된다. 오늘 하루 모든 범사에 감사하게 살고 내일은 내일 주어지는 대로 살자란 생각을 하고 살았는데, 이제 새롭게 남은 생에 계획을 잘 세워 후회하지 않을 부모 자리가 되어야겠다는 생각이다.

하루가 너무 빨리 지나가니 가는 시간을 잡고 싶을 만큼 내 머리에 흰머리도 늘어가고 얼굴에는 물기가 메말라 간다. 흔히들 겪는 갱년기가 나에게 서서히 찾아들었다. 평생을 늙지 않을 것 같았든 내 피부가 언제 이렇게 잔주름이 많이 생겼는지, 새삼 내 얼굴을 보면서 세월에 순응해 가는 내 자신이 가끔 놀랍다. 나에게 주어진 생활에 '한 치의 후회도 남기지 말자'란 목표 아래 열심히 살려고 노력했지만. 결과는 언제나 내 자신에게 낙제 점수를 주니, 요즘은 매사에 반성과 번민의 시간이 더 많아진다.

늘 내일에 희망을 걸어보며 감사한 마음을 가져 보는 것이 오늘 하루에 충실하게 사는 삶이라 안위(安慰)하면서, 나에게 최면을 걸었다. 인연이란 무엇일까? 타인과 타인이 만나 결합해 가정을 꾸려가는 데는 얼마나 많은 인내와 희생이 따라야 하는지, 이 인연이 어떻게 맺어지게 되었는지? 많은 의문을 가졌다. 그런 가운데서도 건강을 다시 허락해 주니 더욱더 감사한 삶이다.

이제 기축년 마지막 남은 한 장의 달력에서 비움과 채움을 느낀다. 긍정적인 사고로 내 남은 삶에서는 나 스스로 행복을 가꾸어 가는 삶을 선택하리라. 절대로 후회하지 않을 연기 따라 세월에 순응하며 그렇게 주어진 내 삶의 길에 순탄한 삶이 되길 기도한다.

2009년 10월 30일
을숙도 대교 개통

승학산 기슭에 산 지 어느덧 십일 년째다.

간혹 까마귀의 울음이 유달리 애처로운 날이면 이상하게 그날은 잔뜩 긴장을 하게 된다.

어느 날은 신기하게도 앰뷸런스 소리가 요란한 날이 있었다. 훠어이 훠어이…. 시어머님이 살아 계실 때 우리 집에 오시면 가끔 그 울음소리를 듣고 그렇게 소리를 내시며 까마귀 쫓는 시늉을 하셨다. 우리 집이 승학산 밑자락과 을숙도가 보이는 곳의 아파트 24층에 살아서인지 새들의 울음소리가 자주 들린다. 그렇게 소리친다고 까마귀가 울음을 그치진 않겠지만, 그 까마귀 울음소리는 예부터 좋지 않은 소식을 가져다준다고 믿는 시어머님만의 오랜 경험이셨다. 왠지 그 울음소리를 들으면 섬뜩한 느낌만은 사실이다. 그런데 오늘은 까치 울음과 까마귀 울음이 동시다발(同時多發)로 시끌시끌 벅적였다.

아마 새들도 그들의 보금자리가 있는 곳에 좋은 일을 축

하하기 위해 이른 아침부터 그렇게 부산스럽게 울어대는가 보다.

기축년 10월 30일 딸의 26번째 음력 생일이자 을숙도 대교의 개통식 날이다.

우리 집은 생일을 음력으로 지내고 있다. 평소 시댁은 음력 생일을 지내기에 그 가풍을 그대로 이어가고 있다. 아침에는 햇살이 곱더니 점차 하늘이 먹구름을 지으며 울상이다.

내일 저녁부터 비가 내린다는 뉴스가 있었다. 오늘은 갈바람도 잠을 잔다. 부산은 가물어 비가 조금 내렸으면 좋겠다. 2009년 10월 30일 오전 다섯 시부터 새로 개통된 을숙도 대교에 차량이 몰리는지, 24층에서 내려다본 하구언 다리 위에 자동차들의 왕래가 조금 줄어든 것 같다.

부산 강서구와 사하구를 잇는 을숙도 대교는 서부권의 만성적인 교통난을 해결하는 것은 물론, 동남권 광역 교통망의 새로운 중심축이자 부산을 물류 중심으로 거듭나게 하는 것에 일조하게 된다. 을숙도 대교는 강서구 명지동 75호 광장과 사하구 신평동 66호 광장을 잇는 총 길이 5,205미터의 왕복 6차로 도로로써 4,200억 원의 사업비가 투자되었다. 부산, 진해경제자유구역과 녹산산업단지로 출퇴근하는 근로자들의 출퇴근 시간 단축은 물론, 부산 신항에서 북항 간 물동량 수송이 원활해져 물류비 절감에도 한몫을 단단히 하리란 기대다.

실제로 오늘부터 출퇴근한 사람들이 이구동성으로 평소

보다 이십 분 정도의 거리 단축이 된다고 대단한 호응도를 보였다.

이 대교가 개통되면 다대포와 명지 간의 교통소통이 원활하리란 예상대로였다. 실제로 딸아이 생일을 맞아 저녁 외식을 한 후 우리 가족도 그 대열에 끼여 즐거운 마음으로 왕복을 해보았다.

명지 신도시에 사는 아파트 주민들에겐 대단한 희소식으로, 그곳의 대단지 아파트에 비어있는 아파트의 입주도 서둘 것이란 생각이다. 도로가 바다를 끼고 있어 그 경관이 아주 멋지고 또한 너무 깨끗했다. 단지 통행료를 지급하는 박스를 보는 순간, 역시 부산은 또 통행료를 지불하는 도시란 오명을 벗지 못할 것이란 조금 씁쓸한 기분이 들었다. 그렇지만 원거리를 왕복하는 데 드는 기름 비용에 비하면 둘러가는 곳보다는 이곳을 왕복하는 것이 교통비를 줄이는 방책이란 생각이다.

이십육 년 전 내가 시댁인 녹산을 다닐 때는 구포에서 버스를 타고 가는 길과 또 하단에서 명지까지 배를 타고 가서 버스를 새로 갈아타는 방법이 있었는데, 평소에 멀미가 심한 나는 두 방법 다 멀미를 하는 내겐 고통이었다. 그런데 시대가 많이 좋아져 하단에서 하굿둑을 건너 명지로 해서 가게 된 것도 좋아졌는데, 이제는 을숙도 대교가 세워져 더 빠르게 가게 되니 참으로 교통수단과 경제가 많이 좋아지고 과학 발달로 편리한 세상에 살게 됨을 실감한다.

그러나저러나 다리 위에서 또 얼마나 많은 사건 사고가 생길지, 사람이 사는 곳엔 정말 탈도 많고 말도 많다는 것을 돌아오는 차 안에서, 텔레비전의 뉴스를 듣고는 잠시 생각에 잠겼다. 올해의 딸 생일은 을숙도 대교가 개통된 날과 일치해서 그런지, 왠지 앞으로 좋은 일만 생길 것 같은 밝은 마음으로 밤하늘을 쳐다보니, 보름달을 향해 가는 달빛이 더욱더 선연하고 맑게만 느껴졌다. 그래! 우리 살아가는 세상이 고통이라지만 "세월이 약이겠다"란 옛 어르신들의 말씀을 떠올려보면 갈수록 더 편리한 세상에 살아가면서, 태어남에 감사하고 축복하면서 살아야겠다는 안이한 생각을 해보았다.

개와 사람의 인연

오늘은 이상하게 아침부터 텔레비전을 켜고 싶었다. 화면을 가득 채운 개와 사람의 인연을 그린 방송이 심금을 울렸다. 자기를 키워준 사람도 배신하는 세상이다. 그런데 그 개는 참으로 기특하고 영리했다. 개를 키우던 할머니가 오 년 전에 심장마비로 세상을 떠났다. 그러나 개는 주인을 내내 기다리며, 오 년 동안 집 주변을 벗어나지 않는다는 줄거리다. 참으로 깊은 감동에 나도 몰래 눈물이 왈칵 쏟아졌다.

너무 감동적이라 눈가에 흐르는 눈물을 내내 훔치기에 바빴다. 내 아버지도 오 년 전에 세상을 떠났기에, 오 년이란 숫자에 귀가 더 솔깃해졌다.

시간이 흐를수록 더욱더 아버님이 그립고 보고 싶은 요즘이다. 내가 아프다면 걱정을 많이 해주셨던 아버님이셨기에 더욱더 보고 싶다. 아버님 사후, 불초한 이 여식은 후회막급한 통한의 시간을 이어왔다. 사람과 동물의 만남. 그도 전생에 인연이 있었다는 '인연설'을 나는 이 방송 기획물을 보면서 더욱더 믿게 되었다. 불가에선 옷깃만 스쳐도 인연이라 했다. 어떤 이유에서든 만남은 소중한 것이다. 그러나 우리는 늘 만남 속에 살고 있으므로, 만남의 소중함을 모르고 살아간다. 좋은 만남이든 나쁜 만남이든, 이렇게 인연이 된 만남의 한순간이 일생을 좌우한다고도 하지 않는가?

눈망울이 초롱초롱하고 귀가 쫑긋한 개는 참으로 영리하게 잘생겼다. 빈집에 남겨 둔 옷을 주인인 양 핥고, 주인의 영정 사진을 보면서 자리를 떠나지 않는다. 혹여 주인이 돌아올까 기다리며, 함께 간 곳곳을 찾아다니며 오 년 동안을 지켰다. 사람이 아닌 개가 그렇게 행한다는 것은 참으로 감동적이지 않을 수가 없다. 같은 골목에 사는 사람이 개를 잘 돌봐 주면서 아무리 그 자릴 벗어나게 하려고 해도 막무가내로 개는 버텼다. 홀로 아무도 없는 빈자리를 지키는 개의 충성에 이웃에 사는 아주머니도 눈물을 흘리지 않을 수가 없었단다. 어느 날, 개가 너무 불쌍해 보여 개를 돌보던 아주머니가 개를 데려다가 식구처럼 잘 키워주려는 사람이 있을는지, 방송에다 제보했다.

방송이 나가고 난 후 많은 사람이 충성스러운 개를 보기 위해 동네로 찾아왔다. 그러나, 아무리 좋은 음식으로 개를 꾀어도 주인이 살았던 자리를 벗어나지 않는다. 그렇게 시간이 조금 지나고 개를 키우겠다는 사람이 나타났다. 이 사람도 십칠 년이나 자식처럼 개를 키우다, 얼마 전 장맛비에 개를 잃었단다. 이분 사연도 감동이었다.

자식처럼 개를 십칠 년이라 키웠다는 아줌마의 인상이 참으로 관세음보살을 닮았다. 떠나보낸 개 대신 또 이 개를 자식처럼 키우고 싶어 했다. 그러나 주인을 기다리던 개는 아주머니도 외면하면서 일주일을 버틴다. 아무리 좋은 음식과 갖은 아양을 떨어도 못 본 척을 한다. 참으로 이 장면에선 더 안타깝고 애처로웠다. 얼마나 많은 사랑을 옛 주인에게 받았으면 인연을 모질게 끊지 못하는지, 가슴이 더 시리고 아렸다.

방송을 탄 개는 옛 주인의 사랑과 이별을 한 후, 오 년의 기다림과 보고 싶음에 너무 많이 지쳐 보였다. 개의 멍든 가슴이 마치 내 가슴에 멍이 든 것같이 아팠다. 새 주인이 될 그 아주머니가 온갖 사랑을 다 주어도 그 개는 꼼짝도 하지 않는다. 결국, 그 아주머니는 "널 사랑한다. 너와 함께 살고 싶다"라는 녹음까지 해서 자기의 목소리를 개에게 계속 심어 준다.

지성이면 감천이라 했다. 옛 주인이 하늘에서 내려다보며 개의 주인이 되길 허락했는지, 모든 것을 포기하고 일주일 만에 아주머니를 따라나선다. 보고 또 뒤돌아 보고, 옛 주인이 살던 자리를 떠나서 차에 타기까지 보는 내내 참으로 눈물겨웠다. 모든 것을 체념하고 순순하게 새 주인을 따라가는 것을 보고 내 마음이 조금 놓였다. 아침 내내 눈두덩이가 부풀어 올랐다. 그렇게 울고 난 내 마음이 한결 시원했다. 그 개가 건강하게 오래도록 새 주인과 잘 살길 바란다.

새 주인이 동물 병원에 데려갔다. 얼마나 옛 주인을 사랑했으면 가슴에 멍이 들어 심장병을 앓았을까? 수의사가 개를 계속 진찰하면서 일주일만 치료하면 나을 수 있다는 말에 지켜보던 내 마음이 조금 진정되었다. "짐승보다도 못 한 사람이란 말"이 생각났다. 개의 감동적인 사연을 접하면서 왜 이런 말이 생겼는지 참으로 실감했다. 부디 그 개가 오래도록 새 주인에게 많은 사랑을 받았으면 좋겠다. 나중에 잘 살았다는 말이 방송에 또 들렸으면 좋겠다.

한동안 실화의 감동적인 개 사연이 내 가슴을 훈훈하게 지필 것 같다. 아들이 군대 간 후, 해외 출장을 가는 지인이 키우던 '사랑이'란 이름의 강아지를 나에게 데려와, 두 달 동안 키우면서 정들은 내 가슴에도 이별의 아픔이 있기에, 이 순간 사랑이가 보고 싶어 눈시울이 또 뜨거워진다.

65주년 광복절에 듣는 빗소리

귀뚜라미 울음소리가 요란하다. 어느새 가을의 전령이다. 절기는 못 속인다. 내일은 칠석. 견우와 직녀가 오작교에서 만나 서로 얼싸안고 눈물을 흘린다는 전설 그대로, 비가 내린다는 뉴스다. 요 며칠 계속되는 국지성 폭우로 온 나라가 비 피해를 입어 심각한 사태다. 그래서인지 오늘은 유달리 빗소리가 싫기만 하다.

65주년 광복절을 맞아 4년 만에 복원된 광화문. 현판 제막식을 하고 시민에게 공개되었다. 미국 대통령 오바마의 축전이 전해져 오고 또한 패션의 거장 앙드레김의 발인식이 진행된 날이다. 광화문은 경복궁 근정문과 근정전을 잇는 직선 축이 남산 방향으로 기울어져 정부가 지난 2006년 12월부터 본래 위치에 다시 짓는 공사를 진행해 왔다.

올해는 유난히 많은 유명 인사가 이 세상을 하직한다. 김수환 추기경, 노무현 대통령, 마이클 잭슨, 김대중 대통령, 법정 스님, 또한 유명 배우들의 안타까운 자살 등. 오늘 발인식을 한 앙드레김은 패션계에 입문한 1960년대부터 대한민국을 대표하는 디자이너로 활동했다. 죽음의 문턱에서도 패션쇼를 걱정할 만큼 일에 대한 열성이 대단했단다. 프로정신이다. 정부에서는 고인의 활동성을 기려 금관문화훈장을 추서했다. 참으로 이 세상과의 이별은 슬픈 일이다. 그들의 극락왕생을 기원한다.

번개가 요란하다. 소낙비는 계속 창문을 두드린다. 뉴스에선 강원 전북 등, 계속되는 폭우로 사망과 실종 소식을 알린다. 가옥이 전파되고 농경지 침수를 알린다. 섬진강물이 범람해 도로에 통행을 차단하고 그 일대 가옥은 침수를 했다는 소식이다. 태풍 뎬무 이후 계속되는 폭우로 위쪽 지방에도 큰 피해를 입었다. 얼마나 많은 상처를 안고 살아가야 할 가정이 늘어날는지. 이 세상의 기류가 참으로 이상하다. 비가 많이 오는 해는 이상하게 까치집을 높게 짓더니 올해도 어김없이 까치가 영물임을 실증한다. 세상사가 평탄하기만을 기원한다.

장마

하늘도 호국영령들의 넋을 달래느라 슬피 울었던 육이오 전쟁 육십 주년 되는 날이다. 어제부터 장맛비가 시작되었다.

같은 나라에 살고 있는데 안동 지역에서는 몇 달째 비 한 방울 내리지 않았다고 한다.

계속된 가뭄으로 인해 비가 내려 가뭄이 해갈되었으면 좋겠다. 올해도 역시 까치가 나무 끝에 집을 짓는 것을 보니 비가 많이 내리겠다. 예로부터 까치집을 높게 지음 비가 많이 내린다는 그런 말이 전해져 오는 것을 보면 미물들이 영물이란 말이 맞는 것 같다. 오랜만에 웃음꽃이 피어나는 세상을 접하고 싶다.

문수스님의 소신공양에 이어 조계종에선 무속 행위를 하는 스님과 정계에 관여하는 스님들께 멸빈을 내렸다.

또한 시중 은행에선 부실 기업 명단이 발표되고, 그와 더

불어 얼마나 많은 실업자가 속출할지.

하루하루 아프지 않고 살아 있음에 감사한 마음으로 살면 그게 곧 행복임을 실감한다.

내리던 빗줄기가 잠시 소강상태를 보이고 다시 후덥지근하다. 티브이에서는 아쉽게도 우리나라가 우루과이에게 졌다고 한다. 나쁜 잔디 사정, 수중전, 여기에 애매한 심판 판정까지.

사상 첫 원정 첫 8강 진출을 노렸던 한국 축구가 3대 악재를 아쉽게 극복하지 못하고 눈물을 흘려야 했다. 우리에게 운이 따르지않았다.

"이날 주심으로 나선 독일의 볼프강 슈타크는 독일 심판 특징답게 몸싸움에 지나치게 관대한 판정을 내리면서 프리킥, 패널티킥을 우리나라에게 줄 수 있는 상황을 우루과이에게 유리하도록 넘어가는 모습을 보였다."

경기 승패를 떠나서 우루과이전에서 우리 한국 선수들은 너무나 잘 싸웠다.

대한민국 선수들! 정말 훌륭했습니다. 이대로 나가면 언젠가는 우리나라도 월드컵에서 당당한 나라로 자리매김할 날이 머지않았다고 생각한다.

다시 장대비가 내린다. 올해는 이상기후로 채솟값이 계속 고공 행진이다. 더는 악재로 피해가 없어 이제 서민들이 잘사는 나라가 되었으면 좋겠다.

정말 피땀 흘리며 열심히 일하는 농부들에게 새희망의 깃발이 펄럭였음 좋겠다. 다 함께 잘사는 나라, 평화스런 그런 나라가 되기를 염원한다.

세월의 강

우리 집에는 아버지가 살아계실 때 애지중지하던 화분이 몇 개 있다.

그중에 유달리 자식 다루듯이 남편이 정성을 기울이는 화분이 하나 있는데, 그 애지중지하는 마음을 돌아가신 아버지도 아시는지 오 년의 세월이 흘러도 여전하게 초록 향기를 머금고 싱싱하게 잘 자라주는 화초가 있어 마치 아버지를 직접 뵙는 것 같다. 그 화초 향기를 접하면 문득 평소에 아버지가 손수 타주시던 커피 향기가 생각나고, 즐겨 바르시던 향수 냄새도 나는 것 같다. 또 외출하셨다가 돌아온 후 우리를 부르는 소리가 들리는 것 같다.

오늘은 아버지가 너무도 간절히 보고 싶습니다.

불효부모 사후회(不孝父母 死後悔)란 이 말은 꼭 나에게 하는 말 같다.

맏며느리의 삶에서 시부모님을 잘 모시는 것이 출가외인으로서의 도리란 생각에 늘 친정에 기대기만 했지 친정 부모님께 잘해 드린 게 없었다.

그런데 그만 아버님이 수술 후유증으로 돌아가셨으니 어찌 죄인이 된 심정이 아닐까?

오늘은 진심으로 마음을 다해 아버님의 제사상에 불효를 용서해 달라고 빌고 또 빌 것이다.

어느덧 9년이란 세월의 강을 건넜습니다.

살아생전에 늘 타인을 먼저 배려하려고 애쓰시던 그 모습이 지금도 기억에 선하게 남아 가끔 가족들 만나는 자리에 이야깃거리가 되고 있습니다.

흐르는 시간 속에 가끔 생각이 날 때는 일엽편주가 되어 오롯한 믿음으로 세월이란 허허로운 강에다 홀로 외롭게 노를 저었습니다.

그 노는 언제나 보은의 배가 되어 늘 한 곳으로 만 흘러가는 물결을 따르려고 노력했으나 한 번도 내 마음속에 그 강을 거슬러 갈려는 마음은 없었습니다.

언제나 한곳만 향하란 계시를 주신 것 같아 오솔길 같은 강을 만날 때도 꼬불꼬불 돌아서 노를 잘 저었습니다.

때로는 하늘 한가운데 덩그렇게 솟은 낮달이 썰렁하게 보였지만 그 낮달! 마치 아버지가 날 보는 것 같아 언제나 올곧게 한곳만 바라보며 바르게 살려고 노력했습니다. 그런데 그 바르게 살려고 한 곳에도 보이지 않는 시험이 늘 따랐습니다.

그 시험이 때론 힘겹기도 했고 또 가시밭길을 걷는 것도 같았습니다.

한해 한해 진흙길 같은 시험을 거칠 때마다 힘겨웠고 또 순응하는 길이 힘겨웠습니다. 하지만 그 어떤 인고가 따라도 투정 없이 받아들였습니다.

또 그 받아들임 가운데 이율배반을 당한 적도 있지만 그도 다 내 업보란 생각으로 기꺼이 순종했습니다.

언제나 최선을 다하려고 마음을 다했지만 돌아오는 것은 허망과 무상이란 꼬리표를 달았습니다.

오늘, 9년이란 세월의 강에 다다라, 뒤돌아보며 후회와 번민으로 온종일 마음을 닦고 또 닦았습니다. 어리석은 마음에 또 참회를 하고 뉘우쳐 보기도 했지만 왜 이리 마음 한가운데 샘솟는 아팠던 기억들은 새록새록할까요? 언제나 자상하게 미소 지으며 배려를 해주시던 그 고운 웃음이 지금도 기억에 선합니다. 하지만 아직도 어찌 버리지 않고 그 기억을 간직하라고만 하시는지요? 저에게도 이제는 순탄한 강만 건널 수 있게 도와주십시오. 그동안에 세월의 강에서 헤적였던 움직임을 멈추게 하시고 또한 역경의 시간도 거둬가시고 순탄한 평지에 닿을 수 있게 지혜를 주시길 바랍니다. 지금껏 내게서 힘겨운 병마도 거둬가시고, 이젠 남은 시간 저에게도 마음 편히 쉴 수 있는 영원의 쉼터를 허락하시길 바랍니다.

한숨에 찌든 날 없이 늘 맑고 밝은 삶만을 허락하시길 바랍니다. 내 건강이 허락하는 한 늘 기도하며 그렇게 아버지와의 추억, 그 편린을 하나씩 끄집어내어 늘 맑게 샘솟는 청수처럼 생각하겠습니다. 남은 가족들의 삶에 늘 행복과 건강만 허락해주십사 간청하옵니다.

오롯한 믿음 속에 가신 아버님의 명복을 빌며 오늘 기일을 맞아 꽃 한 송이 정성 들여 받치옵니다.

부디 저세상에서 영면하시길 빕니다

천안함의 희생자들

연일 이어지는 안타까운 뉴스로 시국이 어수선하다. 한 번뿐인 목숨인데 꽃다운 청춘을 피지도 못하고 실종된 천안함의 희생자들이다. 봄비가 내리는 가운데 강풍이 불고 밀물과 썰물의 차이가 큰 사리가 겹쳐 실종자 탐색·구조 작업을 중단했다고 한다. 실로 마음이 찢어질 것 같은 아픈 소식이다. 결국 모두 다 수중에서 산화(散華)했다는 뉴스일까? 하늘이 참으로 무심하다. 그 가운데서도 천안함 실종자 구조 작업 중 순직한 고(故) 한주호 준위의 명복을 함께 빈다. 보이지 않는 신을 정말 이럴 때 찾고 싶다. 신이 있다면 그들이 다 살아서 돌아올 수 있게 간절히 빌고 싶다.

내리는 봄비도 슬픈지 하염없이 눈물을 흘린다. 하지만, 내리는 봄비가 야속하고 원망스럽다. 가족들은 생존 한계 시간인 '69시간'을 훌쩍 넘기도록 생환 소식이 없어도 무사 생환을 기도하는 마음은 간절하다고 한다. 실종 후의 시간이 너무 길기만 하다. 내리는 이 비도 슬픈지 연일 계속 비가 내리니 이 비에 슬픔이 더 배가 된다. 2010년 3월 26일 천안함 침몰로 46명의 청춘이 세상을 떠났다.

또 하나 악재가 겹친 슬픈 소식은 배우 최진실이 2008년 10월 자살로 사망. 그 이후 또 동생 최진영 씨가 2010년 3월 29일 자살로 생을 마감하고 31일 오후 1시 20분께 성남의 한 화장장에서 화장 절차를 마친 고인의 분골 함은 오후 2시 40분 경기도 양평에 위치한 갑산공원에 도착했다고 한다. 혹자들은 자살 모방심리인 베르테르의 효과를 유발할 것을 우려한다. 우리나라는 2008년 기준 인구, 10만 명당 26명꼴로 자살을 선택하고 있단다. 매년 1만 3천 명가량이 자살로 생을 마감한다. 우리나라의 미래가 참으로 걱정스럽다. OECD 국가 중 자살률 1위라는 불명예를 뒤집어써야 하는 현실이 되었다. 누나 최진실과 함께 편히 잠들길 바란다.

올해는 유난히 이상기후를 보여 각종 병으로 환자들이 속출하고 있다. 이제 사월을 맞아 시국이 평정되길 기도한다. 계절은 어김없이 순환이 되어 꽃이 피고 지지만, 이상 기후로 농사를 망친 농민들의 한숨 소리가 귓가에 쟁쟁거리는 것 같다. 또한 서민들은 물가 상승으로 생활고에 시달릴 것을 생각하니 또한 한숨이 절로 나온다. 잿빛 하늘에선 연신 눈물을 쏟아낸다. 구조되지 못한 가족들의 피맺힌 눈물이리라.

멀리 승학산 봉우리에 먹빛 구름이 테를 둘렀다. 낙동강 물도 뿌옇게 탁해 보인다. 내 마음도 함께 흐리다.

맑게 갠 하늘을 보고 싶다. 경인년 올해가 시작되고 맑은 날을 별로 본 적이 없다는 생각이 들게끔, 비가 잦고 궂은 날씨가 이어진다.

산다는 것은 사계가 변하는 것 같이 돌고 돈다지만, 삼 개월째 계속되는 이상 기후에 마음도 얼어붙는 것 같다는 생각을 숨길 수가 없다. 특히 봄이면 자살하는 사람도 늘어나고 건강한 사람도 병을 얻는 시기라지만, 우리네 인생에 좋은 일만 있으면 얼마나 좋을까?

정월대보름

활짝 개인 창공에다 새 희망을 벤치마킹한다.

연이은 봄비에 양지 뜰에 꽃눈이 날개를 달았다. 봄의 전령사 애기쑥이 삐죽하게 고갤 내밀어 자신의 존재를 알린다.

남녘의 들판에는 대바구니 옆에 낀 아낙네들이 냉이를 캔다고 봄바람에 콧노래를 흥얼거리는 내 고향 뉴스였다.

티브이 화면 속에 아낙네들의 화사한 표정에서 봄을 맞아 새 희망에 한껏 부풀었다는 것을 느꼈다.

세월은 어서 바삐 가잔다.

우수가 지나 얼음장을 녹인 계곡물이 졸졸졸, 제 목소리를 찾았다. 때아닌 기온의 급승으로 경주에서는 개구리가 개골개골 봄을 맞은 기쁨에 울음을 울었다고 그곳에 사는 지인이 알려준다.

곧이어 경칩을 맞는 날엔 어떤 소식이 들려올까?

광양의 홍매화 나무가 꽃봉오리를 터트린 사진을 보면서

마음은 벌써 매화마을로 향한다. 마냥 봄을 맞은 환희로움에 가슴이 두근거린다.

곧이어 매화 꽃비가 희망의 비가 되어 내릴 것이다.

오늘은 이월의 마지막 날이자 정월 대보름날이다.

설을 맞는다는 기쁨을 채 누리기도 전에, 어머님께서 두 무릎에 인공 관절 수술을 하시는 바람에 정신없이 보내버린 시간이다. 경인년을 맞아 이상하게 백호의 울음이 꽤 씩씩하게 들리더니, 연이어 각종 경조사가 이어진다.

아픈 내 몸은 아랑곳없이 동분서주하며 사람 노릇 하다 보니 입술이 부르트고 얼굴이 붓고 피곤한 날이다.

마음 한번 잘 먹으면 북두칠성(北斗七星)이 굽어보신다는 말이 있듯이 일상생활에서 옳은 일을 행하면 반드시 복이 있을 것이란 믿음이다. 계속되는 이상 기후로 봄비가 자주 내리고 흐린 날도 많아지니 전신이 다친 후유증으로 물먹은 솜 같다.

세계 곳곳에서 연이은 천재지변은 실로 마음 아픈 일이다.

그런 가운데서도 대한의 딸 피겨스케이트 선수 김연아의 올림픽 금메달 소식은 역대 최고의 퀸카로 행복한 마음을 가지게 한다. 타인의 행복이 곧 나의 행복임을 실감한다. 또한 전 세계에 대한민국을 알리는 일등 공신이기에 더욱더 찬사를 보낸다.

아이티에 이어 칠레서도 강진이 발생하고 군수 물자를 실

은 비행기가 추락해서 여섯 명이 사망했다는 보도에서

참으로 그분들의 봉사정신과 희생에 조의를 표한다.

평화와 행복과 사랑만 공존하는 이 세상이 된다면 얼마나 좋을까?

자고 나면 뉴스에선 자살 소식으로 인명경시 풍조를 부르는 것 같아 더욱더 마음이 아프다.

계절의 순환에 사계가 있듯이 봄이면 만물이 소생하는 것처럼 우리네 삶에도 안 좋은 일은 자연적으로 정화되어 새싹같이 파릇파릇하게 희망이 차고 넘쳐 늘 좋은 일들만 있었으면 하는 바람이다.

비움과 채움

기축년의 현란했던 스펙트럼도 막을 내렸다.

이천 년 초를 맞아 벅찬 감격에 희열을 느꼈던 그 순간도 마치 쏜 화살처럼 빠르게 흘러 어느덧 2010년을 눈앞에 둔 시점이다.

무엇이 옳고 그른지를 떠나 그냥 덧없이 흐르는 세월에다 삶의 무게를 실었던 것 같다.

그 가운데 참으로 가슴 아픈 이별을 몇 번이나 겪었다.

슬픔 가운데서도 나름대로 내가 글을 쓰게 된 등단의 기쁨도 있었다.

그러나 2005년도 1월 11일 나를 낳아주신 아버지와의 이별은 참으로 겪기 어려웠고 뼈아픈 기억이다.

강추위가 기승을 부린다. 마음마저 춥고, 육신의 아픔은 모든 일상에 의욕상실을 불러일으키는 나날이다.

다시 새해를 맞이한다는 현실에서 자신을 정립하는 시간을 가져 본다.

법정 스님은 “행복의 비결은 얼마나 가지고 있느냐가 아니라 불필요한 것으로부터 얼마나 자유스럽냐에 달렸다” 했다.

길을 가다가 작은 들꽃만 보아도 내 마음에 희열을 느낀다면 그게 행복이고 내가 살아 있어 느낄 수 있는 감사함이지 싶다.

올 1월 2일, 신년 인사차 아버님의 산소에 들려 새해 인사를 마쳤다. 그날은 날씨가 화창했고, 무엇인가 나에게 좋은 일이 생길 것 같은 느낌이 강했던 날이었다. 그날 저녁 인터넷에서 각묵 스님의 초기불전 연구원을 접했다. 그 계기로 내 인생에 새로운 전환점을 맞게 되었다. 전혀 불교에 문외한인 내가 올해 일 년 동안 공부한 끝에 이제 조금 눈이 뜨였다고 해야 할까. 겨우내 산고를 치르고 매화나무에 꽃이 피듯, 컴퓨터 마우스를 팔이 아프도록 움직여 이제 혜안이 조금 밝아진 느낌이다. 하지만 공부는 하면 할수록 어려웠다. 직접 강의를 듣고 하는 공부는 한결 이해가 빨랐지만, 혼자서 하는 공부는 주먹구구식이었다. 그렇게 하는 공부였지만, 조금씩 앎에 대한 환희심으로 고단한 삶에 한 줄기 빛이 스며들었다. 초기불교를 접하고부터 가능하면 내 마음에서 불필요한 것은 버리려고 많은 노력을 했다. 그런 가운데서도 나 자신과의 처절한 인내와의 싸움이 시작되었다. 당장 눈앞에서 달라지는 삶은 아니었지만, 문득문득 솟아오르던 욕망을 다스릴 수 있었다. 교만과 이기심과 탐욕스러운 마음을 절제하는 힘도 길렀다. 무엇보다 기도란 하루하루 내가 먹는 양식과 같아 하루만 게을리해도 인격 수양이 부족한 나에게 저울질하는 인내는 쓰고 시렸다. 그래서인지 잠이 든 시간을 제외하곤 기도로써 병행하는 삶을 애써 살았다.

육신의 아픔으로 기복적인 신앙도 가져 보았다. 또 나를 위해 늘 걱정해 주는 스승님과 문우들을 위해 간절한 기도를 했었다. 또 어떤 날은 꿈속에서도 조상님을 위한 광명진언을 외우고 있었다. 그만큼 내 기도가 간절했기에 그런 생활 가운데서도 많은 가피를 입었다.

기도가 부족해 늘 허덕여도 기도의 힘은 내 마음 한구석에 언제나 수호천사가 되어주는 강력한 힘이 있었다.

하지만 어떤 날은 어영부영 흐르는 시간이 너무 아쉬웠다. 그렇게 안절부절못한 가운데 나는 무엇을 위해 시간과 전쟁을 하여야 하는가? 화두를 삼기도 했었다.

그러는 중에도 시간은 소리 없이 흘렀다.

이제 지난 한 해 동안 내 마음의 묵정밭에 뿌린 염원의 씨앗에 싹을 트기를 기다린다. 육신에 생채기가 난 것은 연고를 발라 나았다. 헌 곳에는 새살이 돋기를 기다렸다.

더는 건강을 잃어 맥없이 주저앉는 일이 없기를 납작 엎드려 빌고 싶다. 경인년을 맞아 첫날의 백호의 울음. 씩씩하고 참으로 우렁찼다. 그 기개와 열정에 힘입어 내 건강에도 한

줄기 빛이 스며들고 가족 모두가 건강하기를 바란다. 모든 범사에 감사한 경인년 한 해가 되기를 진심으로 소원한다.

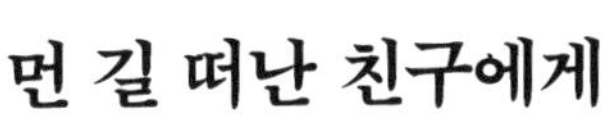

먼 길 떠난 친구에게

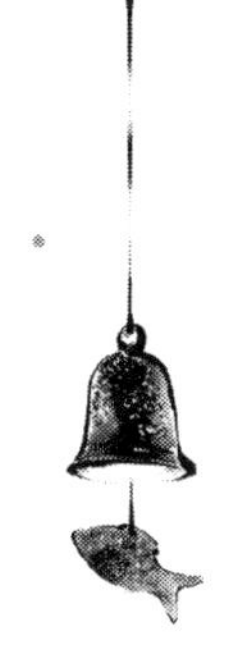

사랑하는 친구야!
고향 들판에서 대장부의 꿈을 키우며 뛰놀다가
벌거숭이 되어 멱 감았던 녹산 앞바다를 남겨두고,
너는 지금 그 어느 곳에서 잘 지내고 있는 거니?
믿기지 않은 갑작스러운 비보를 접하고
비통함에 가슴 치며 회한의 눈물을 흘린다.
어찌, 말 한마디 없이 사랑하는 가족과
친구들을 남겨두고
그 머나먼 길을 홀로 떠났느냐?
가지 마라 제발 가지 마라!
매달리고 싶은 마음이 이토록 간절하기에,
너무나 가슴이 아파 숨을 쉴 수가 없구나.
사랑하는 친구야!
저 멀리 봉화산에는 하늘을 찢는
노고지리의 울음소리가 저리도 구슬프고

햇살 속에 바람도 원통해서 숨을 죽이는데,
이 자리에 친구를 잃은 슬픔에 잠긴
사랑하는 가족과 친척, 지인들을 모시고
한 마디 말없이 떠나가 버린 너를
간절하게 부르며 애타게 찾는다.
사랑하는 친구야!
보고 싶고 만지고 싶어 비통한 심정으로
친구들은 마구 울부짖고 있단다.
들리니 듣고 있는 거니?
벌떡 일어나 어서 속시원히 말을 좀 해다오!
어찌하여 한 평도 되지 않는 곳에 누워서는
한마디 말이 없느냐?
혹여라도 친구들이 네게 잘못한 일이 있었다면
너그럽게 용서해 주길 바라며
우리 서로 사랑하고 좋았던 그 마음만
오래도록 간직하길 바란다.
사랑하는 친구야!
우리 친구들은 영원히 널 그리워할 것이다.
잠시 하늘나라에 소풍 갔다 생각하고
네가 좋아하는 선물을 준비해 갈 동안
부디 편안한 마음으로 잘 있길 바란다.
다시는 아픔이 없는 저세상에서 만나자.
정현이 성준이는 널 닮아 멋진 아빠를
자랑스러워하며 영원히 사랑할 거다.
남겨둔 아내와 아이들! 걱정하지 말아라.

언제까지나 우리 친구들이 마음으로 함께할게.
사랑하는 친구야!
친구들이 "널 아주 많이 사랑했다"
이 말만은 꼭 잊지 말고 기억해다오!
부디 편안한 마음으로 뒤돌아보지 말고 잘 가거라.

2009년 5월 29일 진시-노제에서 (부산 본가 앞)
친구들이 널 그리며 영전에 받친다.

윤주희 더불어 쓰고, 영원한 친구 김봉석 읽다.

※己丑年 陰曆 5월 3일 자시, 52세 심장마비로 운명.
양력 5월 26일 23시 30분경 김해 수인사 49재 모심.
막재 7월 13일 오전 10시.

시간이 삐걱거린다

초판 1쇄 발행 2022년 9월 16일

지은이 윤주희

펴낸이 임병천
펴낸곳 책나무출판사
출판신고 2004년 4월 22일 (제318-00034)

주소 서울시 영등포구 신길3동 325-70 3F
전화 02-338-1228 **팩스** 0505-866-8254
홈페이지 www.booktree.info

ISBN 978-89-6339-688-0 03810

*한국예술인복지재단의 창작지원금을 받아 발간되었습니다.